人民对美好生活的向往
讲好中国故事系列丛书
中国能源化学地质工会

CSG Story

南网故事

中国南方电网有限责任公司
◎编著

中国工人出版社

人民对美好生活的向往
讲好中国故事系列丛书

编委会

总 序

讲好中国故事　传播工会声音

习近平总书记指出，全党同志一定要永远与人民同呼吸、共命运、心连心，永远把人民对美好生活的向往作为奋斗目标。在党的十九大报告中，“人民美好生活”先后出现14次，关乎民生，亦关乎党的使命、宗旨与愿景。这样的大众化、平民化、生活化表述，让新思想、新战略和新蓝图变得生动而具体，承接地气、充满生气、富有底气，直抵人们内心，温暖你我，感动世界。

今天，中国改革开放的历史航船，正处在承前启后、继往开来的新起点。回顾40年来尤其是党的十八大以来发生在企业的巨大变化，梳理涌现在职工身边的先进事迹和感人故事，为即将开启的新的改革探索积累更多可供借鉴的典型经验，有助于激励广大职工群众努力奋斗，让劳模精神、劳动精神和工匠精神薪火相传。

进入新时代、踏上新征程，为中国工会赋予了新的使命和担当。各级工会组织要把学习贯彻习近平新时代中国特色社会主义思想和党的十九大精神作为首要政治任务，进一步团结动员广大职工拼搏奋进，为实现中华民族伟大复兴的中国梦不懈奋斗。

处大事贵乎明而能断。经过改革开放40年的发展，人民对美好生活的向往更加强烈，期盼有更好的教育、更稳定的工作、更满意的收入、更可靠的社会保障、更高水平的医疗卫生服务、更舒适的居住条件、更优美的环境、更丰富的精神文化生活。在这个展现新时代工人阶级新风采和工会工作新作为的关键时期，我们要牢牢把握人民群众对美好生活的向往，自觉践行人民对美好生活的向往就是我们的奋斗目标的承诺，一步步实现好以人民为中心的发展，确保如期建成得到人民认可、经得起历史检验的全面小康社会。

为了贯彻落实习近平新时代中国特色社会主义思想和党的十九大精神，坚定中国特色社会主义制度自信、理论自信、道路自信和文化自信，讲好中国故事，传播好中国工会声音，中国能源化学地质工会策划组织了《人民对美好生活的向往——讲好中国故事系列丛书》，并由中国工人出版社出版。这套丛书以我国能源化学地质系统劳动模范、大国工匠和普通职工为主人公，生动讲述生产一线劳动者创业、创效、创新、创优的故事，记录新时代产业工人生产生活在新时代发生的可喜变化，展现工会组织忠诚党的事业、服务职工群众的创新作为，弘扬好声音、传播正能量，引领广大职工形成价值共识。

我们相信，动员组织广大职工讲好中国故事、传播工会声音，让劳动最光荣、劳动最崇高、劳动最伟大、劳动最美丽的观念深入人心，让诚实劳动、勤勉工作蔚然成风，激励广大职工激情唱响新时代劳动者之歌，争做新时代的奋斗者，在各自平凡的岗位上，通过辛勤劳动、诚实劳动、创造性劳动，做出不平凡的业绩，实现对美好生活的向往！

《人民对美好生活的向往——讲好中国故事系列丛书》

编辑委员会

2018 年 5 月 21 日

前言

“讲好中国故事”，习近平总书记是倡导者，也是践行者。他多次强调弘扬中华文化的重要性，要求“不仅自己要从中汲取精神力量，而且要积极推动中外文明交流互鉴，讲述好中国故事、传播好中国声音，促进中外民众相互了解和理解，为实现中国梦营造良好环境”。

叙事学理论认为，一个精心讲述的具有叙事理性的故事，比专家们用准确的事实所做的证言更具有说服力。好的故事，有着直抵人心、情感共鸣、教育引导的力量，因为它源自最真实生动的实践。

16年来，南方电网30多万名员工众志成城、砥砺奋斗，企业由小变大、由弱变强，进入世界500强的百强方阵，在102家中央企业中名列前十位，创造了举国瞩目的“南网速度”。

小角色体现大作为，小故事体现大情怀。从天空到海底，从深山到高原，从灾区一线到百姓家庭，《南网故事》采撷收录了29个代表性故事，以图文并茂的形式，直观生动地还原了那些感动人心的真情时刻。农电战线的“拼命三郎”、守护电网的高原格桑花、背着幸福的巡线队、海底别动队、刀尖舞蹈家……这些故事描述的不仅是电力人工作生活的片段，更是他们人生价值的深度。从这些故事里，我们不仅可以读懂电力人的工作生活与情感世界，读懂他们的人生态度与价值观念，更可以读懂南网发展的力量源泉与擘画蓝图。

万里鹏翼，干霄凌云。今天的南网正朝着建设“两精两优、国际一流”的电企昂首前行。讲好自身故事，不仅是弘扬《南网总纲》共同价值观、凝聚共识合力的必然要求，也是立足国际舞台、唱响品牌强音的重要途径。未来的日子里，30余万名南网职工将会继续汲取文化力量，秉承实干精神，以一往无前的雄心、只争朝夕的态度、永不懈怠的热情，在岗位实践中奏响企业发展的壮丽乐曲，书写更多灿烂辉煌的南网故事！

目 录

大学毕业后，他主动申请到农电生产第一线，成为广东省茂名市供电系统第一个大学生抄表员。数十个春夏秋冬过去了，他一步一个脚印，从抄表员成长为供电所所长。那深深浅浅的脚印，写着他对职业的忠诚和对供电事业的热爱。

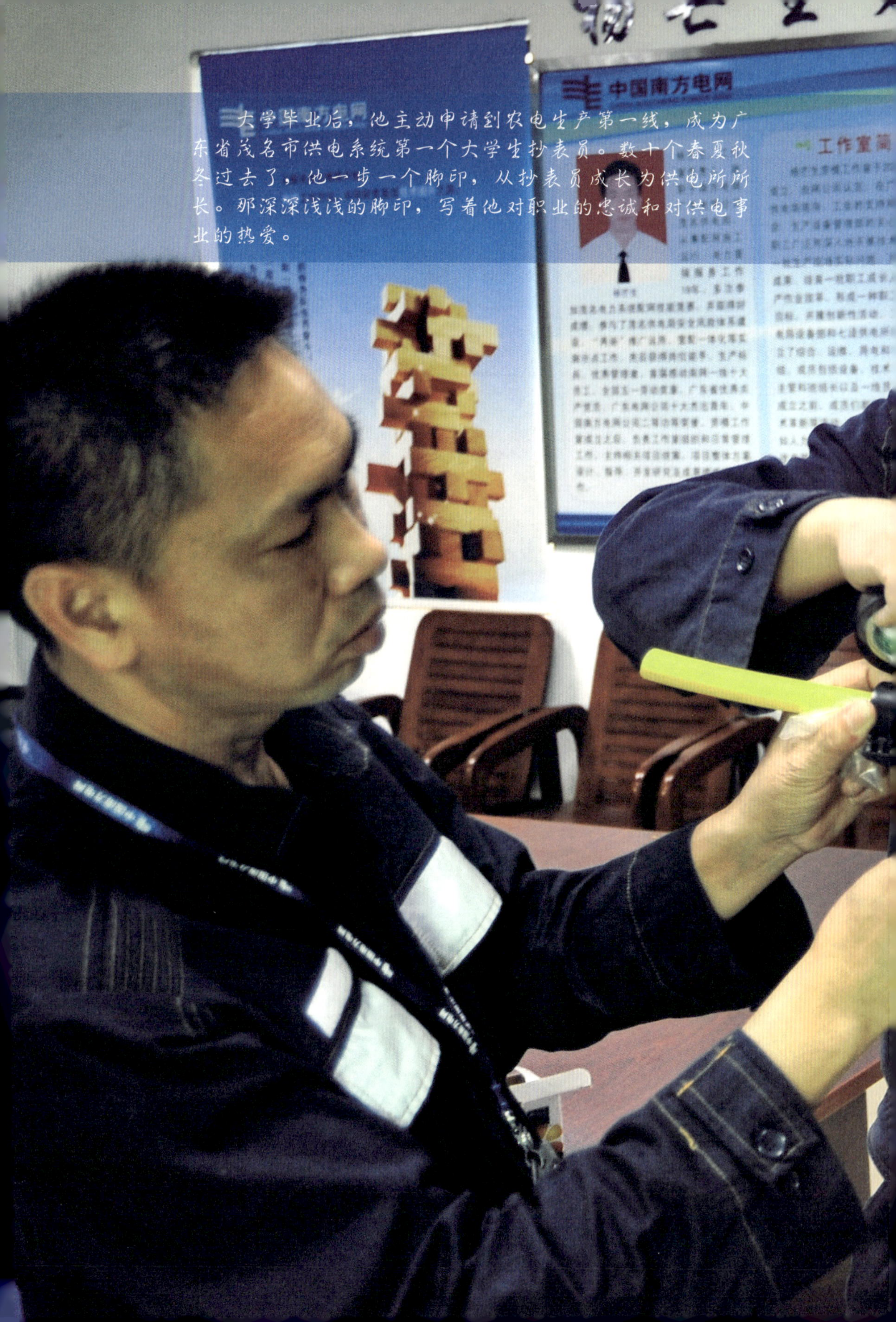

农电战线的“拼命三郎”

许厚金　张志超　叶　泽

杨芒生是个“江西老俵”，与“电”有着不解之缘。数十年前，在江西老家，杨芒生新婚燕尔的表嫂因碰到村里无人管理的残旧低压线路而触电身亡。那幕惨剧让杨芒生至今记忆犹新。当年的杨芒生暗自下定决心，长大后要学好本领，掌握电力方面相关知识，好好地为人民服务。

1995 年大学毕业后，杨芒生主动申请到基层供电所工作，成为茂名农电管理所第一个大学生抄表员。很多人对此表示不解，但他说：“无论做什么工作，都要熟悉所有的工序情况，我愿意从基层做起。”

⊙半年学会方言，与客户打成一片

刚走出大学校门的杨芒生，走村入户地抄电表，每月抄下的电表达 1000 多块。地形复杂，他便随身带着小本子，只要有时间就到处去转，边走边画；语言不通，他一有空就跟师傅学，不怕出丑；客户刁难，他就多去客户家里帮忙交电费，帮他们解决用电难题，用执着和认真换来了客户的理解和感动。

茂名农村有养狗的习惯。有一次，杨芒生到村里抄电表，刚进到一个村民家，家中的黑狗看见来了陌生人，追出来把他咬伤了。杨芒生忍着痛苦和委屈，简单处理伤口后就又继续工作。

就这样，不到半年时间，供电所的线路和台区对杨芒生来说已经烂熟于心。慢慢地，他也可以用方言和大家交流了。在杨芒生担任抄表员的一年多时间里，他没有抄错过一块表，没有被一个客户投诉，并且他始终热情的工作态度、不断成熟的工作方法得到了客户的好评，供电所多次收到客户写给他的感谢信。

⊙以感情破解电力建设矛盾

经过几年的锻炼，杨芒生从一介书生历练成独当一面的技术能手，在管理方面的才能日益显现，他全身心投入到农网建设中，成了一个“拼命三郎”。

1998 年，杨芒生担任农网改造施工队长，把全部时间和精力都投入到了工作中。然而那时，他正准备结婚。他的爱人说：“别人结婚都是新郎回家忙这忙那地准备婚礼，他倒好，婚礼前一天，太阳下山了才回来。结婚后没过两天，就又跑到工地上去了，拉都拉不回来。”每次回忆起当时的情景，他的爱人总是这样委屈又带些骄傲地嗔怪，而他只是憨憨地笑：“我虽然人在你身边，可是心却牵挂着农网改造。不回去看看，对不起你，也对不起这份工作。”

2009 年 6 月，杨芒生被调到新成立的茂港供电局接管七迳供电所。茂港区七迳镇是茂名市工业园所在地，地理位置特殊，加上是乙烯厂周围地带，园区与当地群众的关系比较复杂，围攻厂场、堵塞公路等群体性事件时有发生。2005 年建设的 110 千伏尼坡线和 2006 年建设的 220 千伏菠萝园线，都建在七迳境内，也都曾在施工时受阻。尼坡线还曾三次强行施工未果，最终

造成2009年“7·15”官屋地群体事件和“9·25”倒塔事件。这不仅给电网建设带来前所未有的压力，而且严重影响到七迳供电所的日常生产工作。

面对现实困局，杨芒生团结全所员工，迎难而上，想方设法解决辖区内的工程建设难题。一方面，通过“以人为本、内抓管理”，创造性开展“准军事化管理”“我是南网人，我爱南网装”“员工生日表真情，家有喜事齐共贺”和以“工作——我争先创优”为主题的月度“优秀之星”评比等活动，创办了由全体员工参与编著的以“我工作我快乐”为主题的《七迳供电月报》，迅速统一了员工的思想和步伐，短短半年就铸造了一支“政治合格、作风过硬、技术精湛、服务热情”的员工队伍，使接管后的工作得以安全稳定开展。另一方面，通过狠抓优质服务工作，群策群力，真诚与当地政府沟通，走村入户，苦口婆心宣传电力建设法律法规，真心实意帮助群众解决一些历史遗留的用电问题。

功夫不负有心人，经过全所员工的不懈努力，大部分群众被他们的诚心和正义所感动，原来“对立”的关系也雪融冰化。从尼坡线的三次强行施工失败到菠萝园线七迳段的顺利进行，这是个历史性转变，也是杨芒生大胆理智、情理相融地处理工农关系的成果。杨芒生用个人魅力书写了这个传奇。

⊙“再坚持一下，就是胜利”

有一段时间，茂名地区盗窃、破坏电力设施案件频发，犯罪分子狡猾且气焰嚣张。尤其是2007年末至2008年初，羊角供电所辖区内发生疯狂盗窃低压线路案 35 起，被盗线路 5000 余米，造成直接经济损失约 18 万元，影响 3500 户用户的正常用电。这让杨芒生看在眼里，急在心头。作为所长，辖区的一杆一线都像他自己的孩子，都是他的心头肉，他不能容忍犯罪分子再这样破坏企业的成果、损害群众的利益！

在线路设备被盗案件频发的那段时间，杨芒生经常一个人站在辖区线路走向图前，紧皱着眉头冥思苦想，然后把分析结果拿出来和供电所内有经验的老师傅讨论、分析。终于，他们找出了犯罪分子作案的习惯和案件多发地段的特征，并锁定了几个案件易发地点。这以后的一个多月，杨芒生联合公安机关和供电所员工的力量，组成了护线小分队，每天凌晨两点准时起床，不间断地到案件多发地段巡逻。后来，几个村的村民知道杨芒生亲自为他们巡线时深受感动，自愿加入到巡逻队伍中。

然而，犯罪分子非常狡猾，在发现有人护线后便停止了活动。长期的深夜煎熬使不少参与护线的员工出现了畏难情绪，杨芒生也因为长时间睡眠不足而多次患病，但他并没有轻言放弃。“我们已经坚持了这么久，现在就看谁能再坚持一下，谁就能胜利！”带着对企业的高度责任感，杨芒生再一次带领着他的队伍坚持下来，与犯罪分子比耐心、比毅力。

终于，经过 50 余天与犯罪分子斗智斗勇后，经常在羊角供电所辖区活动的两个盗线犯罪团伙被彻底摧毁，15 名犯罪嫌疑人被抓获归案，群众的生产生活秩序得到了有效维护，杨芒生再一次以坚韧的毅力，带着他的队伍，确保了一方光明。

经过数十年的历练，杨芒生已成为农电领域的行家里手。问到未来的路如何走，他笑着回答：“人生事业的山峰没有最高，只有更高，目标永远在前方。”

扫一扫，点亮心灯

500千伏带电作业是一项集“险、难、苦、累”于一身的工作。为了光明的事业，他们奔波于南粤大地，哪里有工程，就在哪里安营扎寨；数年的光阴里，他们兀兀穷年，有时像猴子一样敏捷，有时像大山一样厚重。

在电场里荡秋千的人

毛春初　林　鎣　明道禄

带电作业队的队员们第一次听说要接触高压线时，都大吃一惊："人体能接触500千伏的高压线？不可思议！"

⊙生死之战

2012年4月的一天，是广东省输变电工程公司运检分公司带电作业队9名队员最刻骨铭心的日子，那是他们的"处女之作"，更是惊心之旅——他们接到了江门供电局管辖的500千伏鼓峰线更换绝缘子的任务。

江门台山靠海，盐雾湿度大，天气变化快。更换完两组绝缘子后，突然，海风刮来大片雨雾，半个铁塔都被笼罩起来。

"一下子什么都看不见了，我也蒙了。"向元刚蹲坐在导线上，看见一大团雨雾就在眼前形成，其所经之处，天空与地面草木消失无踪。当时，他的手掌和工器具之间已产生小幅放电，电线上划出了明亮的电弧。

500千伏的作业现场对环境要求有着清晰的界定：空气湿度需小于80%，现场风力不得超过5级。一旦越界，后果将是不敢想象的惨烈。

显然，向元刚知道团雾飘来的后果，他下意识地喊了句"快点"。周围太潮湿，轨迹绳与导线产生了反应，手套被灼烧了一点，眼前是晃眼的电弧，脚下是离地面80米左右的距离。"快！快撤出来！"向元刚脑子一蒙，随即大喊同伴把自己拉出电场。地电位作业队员和安全员迅速合力将他拉出等电位1米之外，这才安全了。出来后，向元刚才感觉到脸又痒又刺痛，这是轻微触

电的反应。

2012年的这次鼓峰线作业，是带电作业队集体认为最“恐怖”的一次，但这支队伍，始终没有人因为危险而埋怨、而退出。

⊙空中荡秋千，手摸高压线

“空中荡秋千，手摸高压线，眼前电弧光，耳边放鞭炮。”这是每一个带电作业人都必经的壮观场面。

“一个没有防护的人，接触500千伏导线的一瞬间就会被烧焦。”队长谭新富形象地举了个例子。“离导线1—1.5米时是最危险的，因为有电位差，如果不在零点几秒抓住导线，就很容易产生电弧，被电击。”

“不过我们有防护装备！”向元刚说。这种叫屏蔽服的带电作业防护装备不一般，从头部到鞋底全都织满金属丝，两条粗壮的铜线把整个身体连接，形成一个“笼子”。当穿着屏蔽服的队员爬到500千伏线路上时，屏蔽服就会与导线融为一体，使人体与导线的电位相同，不会出现触电事故。但这还是不能完全杜绝危险，毕竟是在零电压与500千伏电压间穿行而过。对此，他们的方法就是“荡秋千”。

说话间，抢修人员已经在铁塔最顶端不带电的地线上搭起一架云梯，带电作业人员顺着杆塔爬到半空。“一、二、三！”队员的话音刚落，摆梯上的向元刚就被甩到高压线的带电运行区域。整个过程如同小孩子荡秋千。

说时迟，那时快，就在离导线 1 米远的时候，向元刚突地伸出手，直接抓住赤裸裸的导线，“啪啪啪”的响声顿时响起，百米之内，清晰可闻。

等电位人员对地距离不能小于 3.4 米，对相邻导线距离不能小于 5 米；进出电场时，与接地体、带电体的组合间隙不能小于 4 米；进行带电作业时，与带电体距离不能小于 3.4 米；转移电位时，裸露部位与带电体距离不能小于 0.4 米……

这些都是带电作业队每个人大脑里储藏的基本数据。对于带电作业人员而言，把握好距离就是保住生命。因为进出电场的瞬间，是每次带电作业都躲不过的生死时速。

“慢点、抓牢、留意”，这三个词是带电作业队员的口头禅。“登塔的人喜欢穿红色内裤。”一位队员悄悄告诉我，这既是祈求平安，也是高危行业的一个习惯。

⊙ 9 个人，一个世界

一场酣畅淋漓的作业之后，面色黝黑的和坤被问到“你觉得这一行怎么样”，1992 年出生的和坤说：“挺伟大的感觉，感觉特牛。”

而当被问到第一次进入电场的感受时，一直眯着眼睛笑呵呵的老队员江显宽还是难以忘记彼时的紧张：“那是高压电啊，但别人都能进，我怎么就不行！”有了第一次后，江显宽就彻底打消了对进电场的恐惧，之后的带电作业任务在他看来，便成了像吃饭喝水一样日常的事情。“荡秋千很好玩，其实没啥危险。”

这些刀尖上的高空舞者，来自四川、贵州、云南、湖南等地，聊天时大都用四川话。“因为这几个地方的方言都差不多。”和坤说，有时大家聊着聊着哈哈大笑起来，他坐在一旁也跟着笑了，但其实有些还是没听懂。

“我从 1989 年出来打拼，干了 20 多年。工资多少已不是最重要的，重要的是干得开心，有成就感。”队长谭新富说，这帮兄弟团结、仗义、能干，他带起来有劲儿。

“我们都是兄弟，在这里有种家的感觉。”项目总工祝昆说，若收工早，大家会一起去菜市场买菜、去河边网鱼，再由“大厨”向元刚掌勺，张罗出一桌获得一致好评的晚餐。

9个人，在日出日落的磨砺中，在生死相依的沉静里，早已结为一体。他们动如脱兔、静如处子，他们远离家乡和妻儿，在南粤大地上来回奔忙。他们干着最危险的工种，留给南粤大地的却是更加璀璨的另一番天地。

扫一扫，点亮心灯

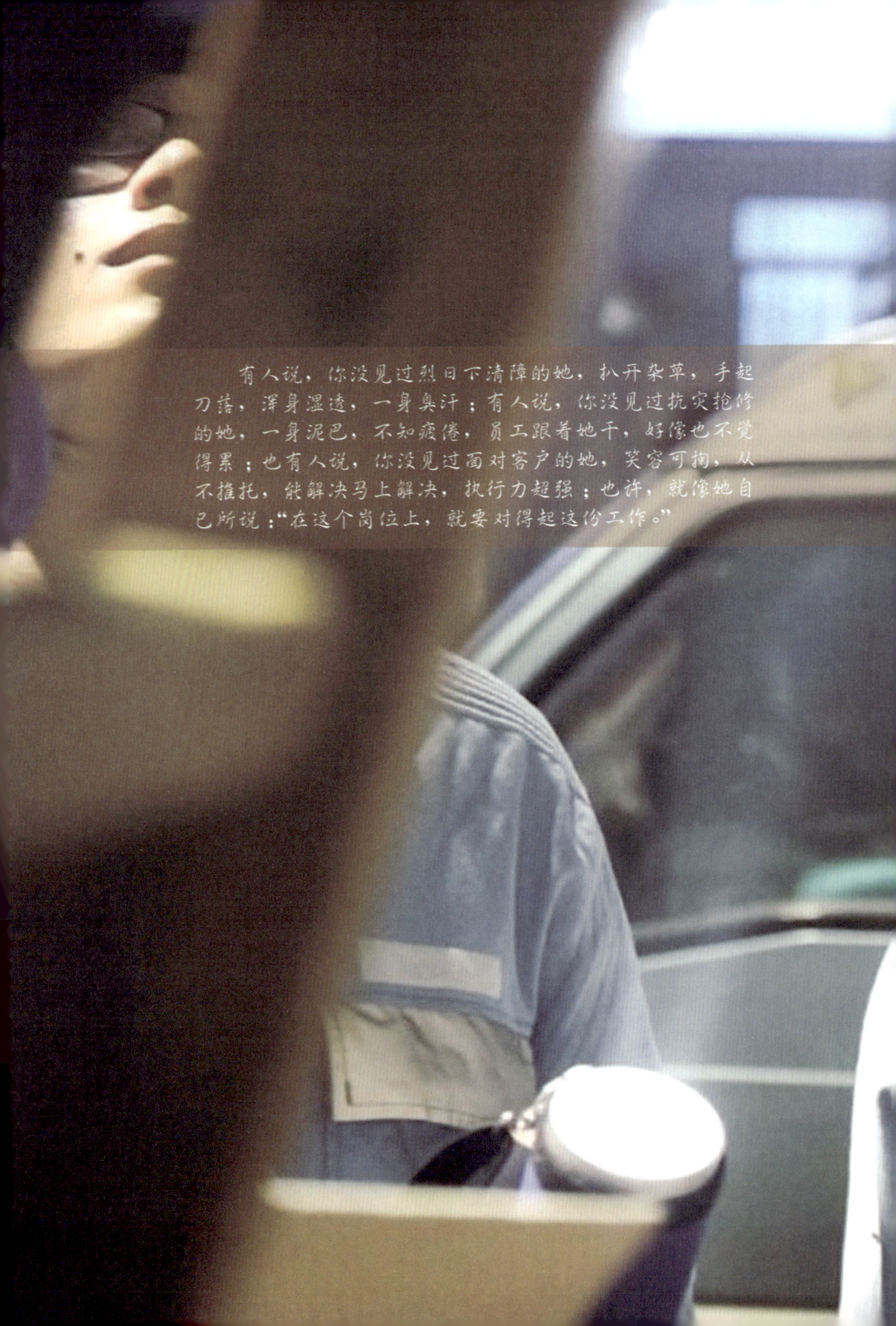

有人说，你没见过烈日下清障的她，扒开杂草，手起刀落，浑身湿透，一身臭汗；有人说，你没见过抗灾抢修的她，一身泥巴，不知疲倦，员工跟着她干，好像也不觉得累；也有人说，你没见过面对客户的她，笑容可掬，从不推托，能解决马上解决，执行力超强；也许，就像她自己所说："在这个岗位上，就要对得起这份工作。"

“铁娘子”的刚与柔

许浩然　张李芳　朱伟清

“那个女所长啊？认识她六七年了，经常看到她在路边干活，满头大汗，像个‘农民头’一样。”清远英德市浛洸镇五星村村支书卢元安连比带划地描述着。

一身工装不分寒暑，一头短发几十年不变，出外干活时安全帽往头上一扣，从远处一看，完全模糊了性别。这个在当地老百姓心目中像“农民头”一样的女所长，就是清远英德供电局浛洸供电所所长刘来仙，人称“铁娘子”。

⊙精 · 诚

在农村长大的刘来仙，由于小时候家里点的是蜡烛和煤油灯，对灯光有着特别的渴望。于她而言，让灯光亮起来，不仅是工作职责，更是一种感同身受。

2011 年除夕，晚上 6 点半，正是家家围坐吃团年饭的时候，刘来仙突然接到几条村停电的电话，当下便心急如焚。冒着寒风细雨，她独自开了十几公里的摩托车赶到现场，调集抢修人员，拆掉烧坏的变压器，调运新变压器。村里的泥路又窄又滑，1 吨多重的变压器没法用车运进去，她就带领大家用冻僵的双手，硬是将笨重的变压器一步一步抬进去。最后安装完毕时，已是深夜 12 点多。通电后，数十位村民不约而同地出现在村口，目送他们离开。

浛洸商品经济发达，个体私营企业众多，每次英德供电局召开客户座谈

会，这些企业用户总是称赞刘来仙，而且说的都是具体的故事。英德供电局市场营销部主任林建斌对此很惊讶：“商人嘛，讲点奉承的套话很平常，但要讲出具体的故事，没有她的付出，是不可能的。”

对刘来仙来说，工装上衣的口袋有个特殊的功能——放手机。一有电话就能马上接听，不会错过。熟悉刘来仙的人都知道，她从来不关手机，无论是凌晨还是深夜，她的电话都是一打就通，而且她了解情况后就马上回应，从不推诿敷衍。在浛洸，“刘来仙”3 个字，慢慢成为供电服务的金字招牌。

⊙精 · 干

浛洸镇副镇长邓积仰清楚地记得他第一次见到刘来仙的画面：烈日下，她

正挥着镰刀除草，浑身湿透，一身臭汗。“原以为所长都是坐在办公室，她一个女所长这样带头干活，很了不起！”他不由感慨。

“在农村，很多青苗赔偿工作往往很费周折，但是在浛洸，村民都很配合。”英德供电局副局长陈方亚最佩服刘来仙，因为她在青赔问题上跟村民几乎不费什么口舌。“很多人认识我，有纠纷的话，我在也好交代。”这是刘来仙总是亲自到现场的主要原因，“有个能拍板的在跟前，容易解决些。”

有一次，一位村民所种的果树因为离线路太近，清障时被砍掉了，村民

便闹到了副村长家里。一番解释之后，村民坚持要刘来仙喝下 5 杯米酒才算了事。好个刘来仙，5 杯米酒逐一拿起来一干而尽。“也没想太多，能解决问题就好。”刘来仙事后回忆。

跟着刘来仙干活的员工都知道，她的手上、脚上有很多伤痕。有一次，刘来仙穿自己的短袖衣服出现在办公室，细心的员工一看，发现她的手臂又“挂彩”了。简单包扎后，第二天她又像没事人一样跟大家去现场干活。

女人爱美是天性，刘来仙也有自己喜欢的漂亮衣服，但穿的机会极少。

"回韶关参加同学聚会，或者去广州探亲的时候才穿。"她说，"平时上班干活，还是工装比较方便。"在爱美和工作需要之间，刘来仙内心的天平倾向了后者。

工装方便，但也经常"挂彩"。在清障现场，刘来仙的工装经常打着明显的补丁，都是在干活时不小心被刮破了补上的。因为清障工作除了累，还有一定的危险性。深山里的松树、桉树比较粗糙，手脚并用爬到树腰上砍掉树枝时，稍不小心就会被树皮划伤，刘来仙身上的伤痕和衣服上的补丁就是这么来的。

一边是手起刀落，一边是万家灯火。刘来仙就是这样，以身先士卒的果敢，为光明开路。

⊙精·心

在平时的清障、抢修工作中，有人问"苦不苦""累不累"时，刘来仙只有一句话："和那次洪灾相比，这些都不算什么。"

那是 2013 年 8 月 16 日，受台风影响，流经浛洸的小北江决堤，全镇被淹。水位逐渐升高后，同事们相继出去进行停电操作，刘来仙一个人留守在所里。

电停了，通信也断了。客户怎么样，同事们安不安全？一向铁骨铮铮的刘来仙感到从未有过的揪心。洪水淹到两层楼高，同事们之前已把桌子叠高起来保护电脑，但最后仍然全部被淹没。刘来仙既心疼办公设备，又牵挂同事们的安危，一夜未曾合眼。

第二天一早，看到赶过来支援的英德供电局陈方亚副局长，刘来仙刚汇报了一句"陈局，整个所都被淹了……"就哭得说不出话来。

这场洪水来势汹汹，笨重的变压器被整个冲走，镇上一片狼藉，家禽尸体到处可见，哭喊声不绝于耳。天上，赈灾的直升机向灾民投放食品；地上，刘来仙带着支援队伍争分夺秒抢修复电。

供电所一楼被淹，刘来仙只能在门前的街道摆几把椅子作为临时办公场地。电话一个接一个，汗水一滴又一滴，她协调物资、部署抢修、叮嘱员工注意安全，忙得不可开交。晚上，她把毛毯一铺，守在办公室，半夜两三点还爬起来看水位情况。

奋战3天后，浛洸镇大都恢复供电，对于因不可抗力暂时未复电的地方，刘来仙一边带头派发蜡烛，一边安抚用户灾后脆弱的心……

这次特大洪灾无疑是一次“洗礼”。之后，刘来仙再也没有掉过泪；不管怎样风里来雨里去，她都没喊过苦、叫过累，“铁娘子”的名声便慢慢传开了。

扫一扫，点亮心灯

他是如此热爱检修专业——“努力提高标准，提升大家的技术水平，转变不重视维护的检修模式，目的就是要让大家看到，检修专业是个跨专业、高技术含量的工作，绝不是别人眼中的粗活累活。”

韧性“牛皮棠”

关 飞 许潆予

大年初五一早，东莞的茶楼里座无虚席，别的桌都是亲朋好友聚会，唯独何满棠一个人坐在那儿，恭敬地等着他的师傅师娘，给他们拜年，陪他们饮早茶。这个习惯，每年都风雨无阻。

被评为“南粤工匠”的何满棠，对工匠精神有着自己的理解：工匠精神少不了传承、感恩。他打了个形象生动的比喻：“挣到的钱，很快会用完；学到的东西，却可以受益一辈子。所以要尊师重道。”

何满棠如此感恩师傅，是有原因的。作为一个土生土长的东莞人，他见证了珠三角城市群的沧海桑田。30 多年前，在东莞农村长大的他进了供电局。那时他才 16 岁，还是一个初中生。“所以我特别感谢师傅，我只有初中学历，如果不是师傅教我，我哪有今天什么劳模、什么工匠的荣誉？”

⊙工作必须要轻松起来

后来，何满棠当班长了。有一段时间，他真的很累。比如进行一个检修工作，他自己一个人爬上十几米高的设备，然后爬下来，再爬上去，又爬下来。他很想有个人帮他，可是不行，因为那项操作只有他最拿手。

思路必须转变。“这样不行，就算我浑身是铁，能碾几颗钉？不能只是我一个人干，我这个班长，就是要做‘偷懒’的班长。”何满棠将自己的技术和经验，手把手地教给班里每一个人。“我的出发点很简单，大家一起学、一起干，每个人都能学到东西，我也轻松，互利互惠的事情，为什么不做呢？”

班里人的技术水平在不断提高，与此同时，电网的供电服务要求也在提高。“以前我们可以第二天坐着公交车去检修，现在要快速复电，必须争分夺秒。”何满棠想起一个满是辛酸的笑话——变电管理二所的检修专责工新婚不久时，因为工作太多，夜里多次被电话吵醒，妻子直接把他赶出了房间。“这不应该是我们检修专业人的宿命，为什么我们就不能轻轻松松、从从容容地工作？”

带着这个问题，何满棠开始思考：通过带徒传授的方式教给大家技术，只是改变了一个班组的工作方式，顶多让班长轻松了一些；要想真正让所有检修专业人都轻松、从容地工作，必须要改变整个检修专业的工作方式。根据多年经验，他提出了“以科学合理维护来减少检修压力”的模式。这个模式后来成为东莞供电局设备管理的重要经验之一。

⊙自己懂，才能管住事

虽然许多供电单位将检修等业务大量进行外委，但何满棠依旧坚持己

见，与供电局领导商量，供电局的检修班组人员也必须学会每一项检修操作，在“知己知彼”的前提下，才能严把外委的质量关。这也是他的“牛人”特点——永远坚持自己的想法。

功夫不负有心人。经过几年的注重维护工作，东莞电网设备故障率大大降低，检修班组的压力也大大减轻。因为严格把关和技术进步，检修工作的质量也大大提升。“当年总是在夜里检修，现在很少这样了。”

当年持有不同意见的人，也开始理解何满棠，甚至夸奖他，但是他并不在意。“能有时间坐下来喝喝茶，就算是对自己的奖励了。”如今的他不管出差走到哪里，都会带着一把小紫砂壶，就像随身携带检修工具一样，而它们都见证了他的执着与坚持。

如今，何满棠是网内闻名的变电检修技能专家，哪里的设备出了问题，都会叫他去分析解决。即便只是几分钟的活儿，他也会及时赶去处理。因此，他总是很忙，时间不够用。然而，有一件事让人们对他的时间管理法刮目相看。

早在2006年，何满棠进行红外线测温时，发现有个开关设备稍有异常，但还没产生明显的缺陷。十年来，不管再忙，他始终没有忘记这个开关，坚持定期去做检测。终于，十年后的一天，他打开开关设备时，发现内部结构就快要烧坏了，于是马上换掉，成功避免了一次故障。这也是他的“牛人”

特点——无论工作再忙、事情再多，都始终记得什么才是心中最重要的事情。

⊙把厂商“逼”成专家

何满棠喜欢搜集缺陷。只要听说公司系统哪个单位的设备发生了故障，他就会细心打听、要来材料并仔细记录，这成了他的“瘾”。“只有见得足够多，遇到了类似情况，才知道怎么处理。”面对设备厂商，他可以清晰地背出这个型号的设备哪年哪月在哪里出过怎样的问题，厂商们都十分佩服这位“何大师”。

何满棠分析认为，配网故障高发于电缆头制作工艺，于是他给工程单位列出了详细的工艺标准。工程单位的人看过之后说：“这不可能，何大师，这是你的标准，我们根本做不到。”何满棠嘿嘿一笑，说：“这不是我的标准，这是国家标准，在哪本书的第几页，你自己去看。”对方哑然。在何满棠的坚持下，过了一年，工程单位的电缆头制作工艺竟然比他要求的还做得好。“没办法，他的标准太高，我们是被逼出来的。”

何满棠是如此热爱他的检修专业。“16 岁就做了检修，这个专业陪我的时间比妻子陪我还久。我对它很有感情，我受不了别人看低它，我要重视它，为它增光添彩，不能给它抹黑。”虽然当时没得选择，可 33 年一路走来，这份爱，他从未后悔。

何满棠自己养的兰花是他最心爱之物，虽然很舍不得，但他还是破天荒地用 3 盆兰花去换朋友为他写 4 个字，并恭恭敬敬地挂在工作室的墙正中。

只因为那 4 个字是：检修精神。

扫一扫，点亮心灯

“总觉得自己有义务为这片土地做点事情。”父母是当年越南排华时的归国华侨，兄弟俩一个3岁时归国，一个在十万山土生土长，他们都对十万山宽广的怀抱有着难以割舍的依恋。

守护深山的农电兄弟

凌　文　陈钦荣

广西十万山华侨林场山高谷深，交通不便，分散居住着2000多个用电客户。

从1997年起，黄春强、黄春宁兄弟俩担负起十万山华侨林场的供电和维护工作，一干就是21年。

⊙“开在路上都要飘起来了”

在黄家兄弟俩之前，十万山片区也有人做过电工，但没过多久就受不了了。

通常，一个人收一次电费需要近半个月，就算两个人分头收，一次也得用个六七天。特别是大雨天，在山路上走着走着，就能听到石头滚下来的声音，或者听到塌方的声音。不高的收入，加上抢险、维修的路上经常会遇到危险，十万山总是留不住人。

15公里外的隘脚村，因为一路上山势险峻、路况极差，被称作“绊脚村”。每年七八月份，暴涨的河水就会把通往村里的唯一一条机耕路淹没。如果水只是齐膝齐腰深，兄弟俩卷起裤脚或脱了长裤就能趟过去；但如果水太大太深趟不过去，他们就会举起砍刀临时开路，从高处的山腰绕过去。这样一来，往往要多走出一倍的路程。

2011年9月30日，“纳沙”“尼格”台风接踵而至，十万山片区多处树枝折断后搭在线路上，令克（高压型户外跌落式熔断器）也被雷击坏，隘脚村多处停电。因为不清楚故障点在哪里，兄弟俩只能骑着摩托车沿路去找。

“风吹得人眼睛睁不开，我们两个人骑在摩托车上，还载着四五十斤重的工器具，开在路上感觉都要飘起来了。”弟弟黄春宁说，““而且不时有大风吹断树枝，当时非常担心被大树枝砸中。”

大雨过后的机耕路泥泞不堪，摩托车多次打滑侧翻，两人的膝盖、小腿多处被擦伤。平时 40 多分钟的路程，兄弟俩走了两个多小时。在接近隘脚村的时候，他们终于发现了故障点，原来是两串悬式瓷瓶被雷击穿导致停电。

急风暴雨中，兄弟俩又花了两个多小时，终于把电送上了。晚上 8 时多，暮野四合，天地一片漆黑，村里却灯火点点，电视机里传出阵阵乐声。兄弟俩离开村子时，感激不已的村民们打着手电筒将他们送出好远。

⊙“看到阿婆的高兴劲儿，我们也开心”

由于十万山偏远落后，当地大多数青壮年都选择了外出打工。留守的老

人和小孩缺乏用电常识，让兄弟俩特别牵挂，他们常常不厌其烦地给老人和孩子们讲解安全用电常识，叮嘱他们如果碰到用电问题，就直接拨打两人的电话。

有一次，兄弟俩接了电话后，跑了 10 公里路，结果发现故障原因不过是烧坏了一根保险丝。还有一次，一位阿婆拿出用了好几年的手电筒，让兄弟俩帮忙修理。“手电筒也带一个‘电’字，找你们兄弟，没错吧？”黄春宁忍不住笑起来，拍着胸脯跟阿婆打包票：“阿婆您放心，一定给您修好！以后有事您就找我们哥俩！”回忆起这件小事，黄春强也笑：“‘电器’修好了，看到阿婆的高兴劲儿，我们也开心。”

如今，兄弟俩的营业服务点仍是一间仅十几平方米、矮小陈旧的平房，但挂在门口“为民服务　创先争优”的牌匾格外显眼。

2011 年 8 月，兄弟俩协助施工队伍完成了广西电网公司十万山归侨危旧房改造供电工程建设，彻底解决了 17 个归侨生产队、505 户归侨的“用电难”问题。

如今，十万山还有 10 多户每月电费还不到 1 元的用电客户。也就是说，这几毛钱的电费兄弟俩也要上门去收取。“碰上主人不在家，就只能抄个数回来，改天再去收费。不过，习惯了就不累了。”

⊙“做久了就更有感情了”

十万山片区线路老化严重，线损一直居高不下。2003 年，兄弟俩从林场聘用的“游击队”成为供电企业聘用的“正规军”时，十万山农网线损高达 40%。

为了降低线损，兄弟俩没少动脑子。“要避免闪络和泄漏事故，就要登杆对瓷瓶上的污垢进行彻底清除，同时要进行线路走廊清障，确保线路两侧树木与线路的安全距离……”这项繁重的清障工作，兄弟俩做了一年多，共清理瓷瓶 2.6 万多个，清障 20 多公里，线损从原来的 40% 降到了 11%。近两年，经过大电网技术改造后，十万山片区线损下降到了 9% 左右。

2011 年，黄春宁作为技术骨干被派往广州亚运会保供电现场。在那两个月里，十万山 2000 多个用电客户的抄表、收费、维护、抢修工作，都落在了黄春强的肩上。单单收取电费一项，他就忙了近半个月。而在城区，2000 多户的工作一个抄表工大半天即可完成。每天早晨 7 时半出发进山，晚上 8 时多才收工，面对十几个小时的高强度工作，黄春强风雨无阻。

如果走出大山，技术过硬、勤劳肯干的兄弟俩不愁找不到收入不错的工

作，但最终他们选择了坚持和坚守。“刚开始选择这个职业，是想为家乡做点事；做久了对它就更有感情了，现在是舍不得、丢不下也放不开啦！”

扫一扫，点亮心灯

驻村两年，她以愚公移山志、精细绣花功，为曾经贫困无助的“上访村”摘下“贫困帽”，以一席赤心，在扶贫一线留下南网情深；两年届满，村民联名上书请求留下她，做永模村稳步走向小康的引路人。壮乡幸福的歌声为她而唱：“带领永模奔小康，感谢南网派她来……”

壮乡歌谣中的“扶贫书记”

吴　思　　龙海芳

蜿蜒曲折的红水河穿过永模村，河岸百里绿意葱葱。这惹眼的绿，是大家都习以为常的平常桑树，谁也不曾想，这是永模村走向小康生活的希望。

⊙穿针：找准贫困的原因

时间回到 1992 年，因建设水电站，永模村成了库区。耕地减少，物产不丰，村民搬迁，青壮劳力出外务工，贫困成了永模人脚上的镣铐。“每个月靠国家发放的粮食和补助金生活，一家子都吃不饱，更别说奔小康了。”村支书陈亮摇摇头说。后来，常有村民到上级单位反映情况，“贫困村”永模村又多了一个“上访村”的帽子。

2014 年春，南方电网公司在新一轮扶贫工作中，将龙梅派到了永模村。她的主要任务是，在两年内帮助永模村脱去“贫困村”的帽子。

人均年收入不足 2300 元，贫困户 127 户、贫困人口 476 人，占全村人口 1/4……看到这串数字，龙梅有些忧虑。但她很快调整好自己的心态，迅速进入角色。

一个半月时间，龙梅走访了村里每一户人家。为了方便和村民深入交流，龙梅硬是在短期内学会了壮语。“总靠别人翻译，乡亲们怎么跟你交心？”

农村忌讳别人上门穿黑色、白色，穿工作服又让人产生距离感，龙梅便一口气买了 3 套同款的粉色运动服。“粉色看起来平易近人，在户外走动也方便。”

走访、记录、总结，龙梅慢慢梳理出永模贫困的病根：信息闭塞、缺乏资金和技术、劳壮力流失……

万千头绪，该从何突破？

⊙引线：人人可为的改变

发展是甩掉贫困帽的总办法。龙梅像个耐心的绣娘，将脱贫工作梳理出了条理：引进大项目一时远水难救近火，得从老百姓人人都能够得着、在自家门口就能实实在在增收的脱贫方式入手。

永模耕地少，但拥有 800 亩桑树。“养蚕劳动强度不大，周期短，只要 30 天左右就能卖了换钱。”龙梅不遗余力地奔走：一是从广西桑蚕技术推广总站服务队请来教授，义务为村民授课；二是到村里动员有劳动能力的村民学习养蚕技术；三是和县政府扶贫办争取资金，购买了一批蚕卵分发给村民养殖；四是到东兰县一家蚕丝厂谈好定点采购，解决了销路问题。

慢慢地，500 多户村民几乎全都参与到养蚕热潮中。2015 年，永模村桑

蚕总产值达到360万元，人均增收2000元，桑蚕养殖成为永模村的支柱产业。在龙梅的推动下，永模村成立了桑蚕养殖合作社，由返乡创业青年陈斯担任社长。“龙书记一直鼓励我返乡创业，有年轻人带动，大家奔小康的信心更足了。”

红薯是永模村祖祖辈辈果腹的重要作物，但吃不完只能烂地里。龙梅灵机一动，在朋友圈做起了“微商”，让红薯、蜂蜜等土特产走出大山。巴社队

积压的 7500 公斤红薯换回整整 1.8 万元，换回了过冬的棉被和大米。

龙梅还积极争取各方资金，为村里修路，修水利工程，修建蓄水柜、篮球场、垃圾箱等公共设施项目，大大改善了村容村貌。2014 年底，永模村还捧回了“广西壮族自治区生态村”荣誉，引起一家香港集团关注，并决定注资 7 亿元，将永模村巴社山打造成养生旅游区。

驻村期间，龙梅几乎把家安在了村里。“全村 500 多户 2000 多人，没

有人不认识龙梅，也没有龙梅不认识的人。”陈亮说，村里的大小事，都是龙梅的牵挂。她是永模村 37 位孤寡老人的“女儿”，独居的罗春花老人每年年初都会收到龙梅自费为她买的猪崽，年底一卖，两头猪就能换来 5000 元收入；她是 21 名留守儿童的“姨妈”，在“姨妈”的呼吁下，更多的人参与到资助孩子的公益活动中，村里的覃耐新五姐弟在龙梅身上感受到了久违的母爱，他们说：“龙姨妈就是我们的妈妈。”

⊙织梦：迈向小康的脚步

点滴付出换来了真诚回报。2015 年底，永模村人均年收入达到 2800 元，符合河池市脱贫标准。永模村终于摘掉了多年“贫困村”的帽子。

使命完成，也意味着离开。这一消息在永模村传开后，一场“留下龙书记”的行动在秘密进行着。

2016 年春节前夕，坡切队全队 66 户人家瞒着龙梅，自编自演了一场“感恩”晚会，几百名村民簇拥着龙梅，高呼“请你留下来吧，龙书记！”龙梅泪如雨下，与大伙儿紧紧抱在一起。“在老百姓心里，‘驻村第一书记’就是党派来的代表，我做事要对得起大家的信任。”

“龙书记用两年时间把永模扶上马，但永模还需要她再送一程。”陈亮带着全村人的联名信，到广西电网，到河池市委市政府，请求留下龙梅。

村民们如愿以偿。2016 年初，龙梅留在永模村任驻村指导员，为剩下的因病、因残致贫等 65 户贫困户提供帮助，并指导永模的发展。看着村民的收入从原来不足 2300 元上升到 2016 年的 3400 元，龙梅很欣慰，同时也把目光放在了永模的长远发展上。“终有一天我会离开，我希望能让永模的底子更加扎实。”

近两年来，南方电网公司对东兰县加大帮扶力度，龙梅为多个落地项目而奔走忙碌。2017 年 10 月，由公司投入 712 万元专项扶贫资金建设的东兰县国清中学 1 号教学楼启用了，1400 余名学生有了宽敞明亮的教室；除了桑蚕养殖基地，2018 年永模村还将成立养猪合作社，留住青壮年劳动力；2018 年底，公司将完成永模村 17 个队的农网改造升级工作，目前已完成 60%，改造后的永模村用电容量将增加一倍，全面满足农村动力电需求；坡豪湖养生旅游区的项目也开始征地建设了……

驻村的日子过得很是充实，又一个两年的驻村生活即将结束。难得闲暇时，龙梅总爱坐在宿舍阳台，静静地望着坡豪湖。岸边传来一曲动听的壮族歌谣：“龙梅书记真踏实，她的成绩众人见。带领永模奔小康，感谢南网派她来……”

扫一扫，点亮心灯

头顶绝缘帽、眼罩护目镜、身穿屏蔽服、脚踏绝缘靴、手戴绝缘手套，只用了5分钟就爬上距地面50米多高的铁塔。他不是美国大片里的“蜘蛛侠”，而是一位普通的电网员工，一位高压电上的穿行者。

高压电上的穿行者

佘慧萍　　巴晓华

2013年5月1日，中央电视台新闻联播“五一”走基层特别节目“劳动style”栏目，以《带电作业工：高压电上的穿行者》为题，生动记录了云南电网公司带电作业人员郑瑞东和同事们在500千伏德博Ⅱ回线上开展带电作业的精彩过程。5月2日，中央电视台新闻频道《新闻直播间》、四套《中国新闻》栏目，分别用5分钟时间对郑瑞东带电作业进行了生动报道。

⊙零距离与高压电“亲密”接触

2013年“五一”前夕，云南电网公司带电作业分公司开展迎峰度夏前的集中消缺工作。4月23日，郑瑞东和同事们到500千伏德博Ⅱ回线上开展带电作业。他们的任务是更换N080塔自爆的耐张单片绝缘子和跳线绝缘子串。这是国内首次在高海拔地区500千伏紧凑型线路上推广应用带电作业。由于工具车无法到达作业点，上百公斤的工具、材料全都得靠人背、肩扛，作业人员在蜿蜒崎岖的山路走了一个多小时才到达作业点。

背着主吊绳的郑瑞东，爬上50多米的高空，从零电位跨入500千伏电位，小心翼翼地在横担上移步，向10多米外的绝缘子靠近。在地面人员的指引下，郑瑞东一点点扳动扳手，卸下损坏的绝缘子，再通过保护绳一点点放回地面。之后，塔下的工作人员通过保护绳，分别传给郑瑞东闭式卡具和绝缘子。当工器具上传到横担附近时，“滋滋”的放电声打破了现场的寂静。

一个闭式卡具和一片绝缘子分别重达50斤和27斤，这在平地上举起来都有些吃力，而郑瑞东是在垂直于绝缘子串60公分的狭窄范围内作业，加上铁塔地处斜坡，绝缘子串向下呈45度倾斜，作业重心只能落在一只脚上，很难用力。第一次，郑瑞东的重心有些不稳；第二次，他的体力有些透支；第三次，他终于将闭式卡具安装到位，然后迅速进行绝缘子更换。

更换完毕，爬下铁塔的郑瑞东已经是满头大汗。被问到“有一阵，放电声很响，你害怕吗？在电场里面，身体会不会不舒服”时，郑瑞东显得一脸轻松：“有这么多保护装备，身体也没有异常情况，听到放电声有什么好怕的，这是正常现象。”他说，通过多次实践，他已熟练掌握了带电作业的理论知识和实操技能。

⊙高保障强电场作业有惊无险

简单来说，带电作业就是不停电作业。当进行等电位作业时，人体直接接触高压带电部分，可能会有危险电流流过，危及人身安全。根据《电力安全工作规程》规定，人与500千伏电压的安全距离至少是5米，小于这个距离就会有风险。郑瑞东和同事们从事的作业环境不仅是高空，而且是500千伏的高压电。这需要何等的勇气和胆量？

“每个人第一次听到电流‘滋滋’的声音时，肯定都会很紧张，但只要自己胆大心细，加上有公司先进技术装备作支撑，就不会有事。”郑瑞东说。

在每一次作业实施之前，郑瑞东和同事都要到现场进行勘查等准备工作，针对危险辨识提出相应的预控措施，编制了组织、技术、安全措施及项目作业指导书等。登塔前，他们还要在现场检测气温、湿度、风速等作业条件，在与调度联系后，现场负责人还会组织大家召开一个简短的班前会，明确分工和注意事项，以保证作业安全的可控、在控。

此外，所有进入高电场的工作人员，都要穿全套合格的屏蔽服，包括衣裤、鞋袜、帽子和手套等。全套屏蔽服的各部件之间，须保证电气连接良好，最远端之间的电阻不能大于20欧姆，使人体外表形成等电位体。

在南方电网区域内，带电作业已不是什么新鲜事。2011年4月，云南电

网公司就已成功实现直升机在500千伏紧凑型输电线路上开展带电更换间隔棒作业。而此次开展的高海拔地区500千伏紧凑型线路带电作业，此前就被列入南方电网公司重点科研项目，这也是公司首次将研究成果应用于实践。

⊙爱无悔铁汉现场飙泪

"我不是一个人在战斗，后面有家人和整个团队的支持。"郑瑞东说，"每次成功完成作业、平安落地那一刻，是我最自豪的时候。"

郑瑞东从部队转业后，参加了两年大专学历培训。从事带电作业20多年来，他勤学苦练，个人技术从无到有、从有到精，成为带电作业的技术骨干。郑瑞东所在班组中的新员工也一样，在这样的机遇面前得以迅速成长。如今班组10多位作业人员中，有一半是近两年才毕业的大学生，其中两位更已成为南网的技术标兵和技术能手。

然而，提到家人尤其是谈到很少有时间去探望老母亲，郑瑞东却不那么淡定。2013年8月，南方电网公司举行党的群众路线教育实践活动先进事迹

报告会，郑瑞东作为先进人物上台作报告。当提到自己的母亲时，这位铁汉在台上几度哽咽，报告一度中止。

如今的郑瑞东已年近不惑，在带电作业这个高强度、耗体力且年轻人扎堆的队伍里，他也曾有过困惑——是坚守，还是放弃？但每一次，只要电网一告急、消缺命令一下达，他的神经就会迅速绷紧，唯有赶赴现场，直至缺陷消除才能放松下来……

扫一扫，点亮心灯

幸福是什么？也许就是一步步走近自己的理想。他们牢记责任与使命，在极端艰苦的环境里，圆满地完成了一项项艰巨的任务。在日复一日、年复一年的坚持中，他们用踏踏实实的行动，体会着奉献的快乐，收获着成功的喜悦。他们的质朴，是那么可爱；他们的顽强，是那样感人。

飞过雪山的“南网雄鹰”

牛国栋

巡线路长达350多公里，要翻越海拔4000多米的碧罗雪山，穿过50多公里的无人区、原始森林，每次需走上20多天……

12个人，7个民族，平均年龄25岁，云南省送变电工程公司怒江工作站的小伙子们，在这条路上走得无怨无悔，他们身上凝缩了南网人甘于奉献的精神特质。

“这些兄弟确实不容易！感动！”“向你们致敬！”“好样的！”……2011年4月，网易论坛上一组“碧罗雪山上的巡线工”图片引起了广泛关注，连续三天成为论坛首页图片，浏览量超过4万次，跟帖116条，大家都对电网一线员工的辛勤付出给予了高度评价。

短短一两个月的时间，云南省送变电工程公司怒江工作站迅速走红全国。被称为“南网雄鹰”的12位小伙子，凭借什么获得了超高人气呢？

⊙山下20℃ 山上-10℃

云南省送变电工程公司怒江工作站维护着我国海拔高差最大的220千伏输电线路——云南电网220千伏兰福线。这条线路横跨滇西海拔高达4000米的碧罗雪山，全长111.237千米，是目前怒江大峡谷与大电网相联接的唯一通道。

2011年3月18日上午9点，从澜沧江边开始登山的时候，阳光明媚，气温接近20℃。当跨越近3000米的海拔高差登上雪山顶的时候，山顶积雪深达数米，那些两米多高的灌木，此时也只是间或露出一点儿头来。走到一个陡峭的大斜坡时，曾经的小路早已不见了踪影，副站长王辉林用一根两米长的竹竿试了一下，积雪深不见底。

由于已经完全无法看清道路的位置，巡检员们都是凭着对道路的精确记忆踏雪前进。此时，气温只有 -10℃，风力达到 8 级，雪花被狂风裹挟起来，打在脸上火辣辣地疼。

然而真正的威胁，却是暴雪形成的迷雾，严重时能见度不足 20 米。若非对山顶地形了如指掌，很快就会迷失方向。当地人都说："冬天的碧罗雪山，只有雄鹰才能飞过去。"所以，每次请马帮运输材料上山，马帮都是到了有雪的地方就不再前行了。

在这样的险恶环境中，怒江工作站的小伙子们一次次挑战生命极限、一次次安全地完成任务，彻底颠覆了当地老乡所谓"冬天人上不了雪山"的断言。

⊙巡线，20余天行走350多公里

碧罗雪山的很多地方都是悬崖峭壁，在线路施工和维护过程中，已经有20多匹运输物资的马匹掉下悬崖，摔得粉身碎骨。很多马帮觉得吃不消，就在夜里悄悄溜走。

怒江州福贡县第一人民医院医师李振恩说："类似碧罗雪山这样的特殊地形，由于复杂的微气候条件，比起单纯的高海拔要危险得多，只要患上轻微的感冒，就会有严重的生命危险，这里绝对是不适宜人类生活和工作的'生命禁区'。"

由于海拔高差大，山脚和山顶的温差常常超过30℃，巡线员登山时需要携带适应两种气候的服装。巡线员李九龙说："冬天巡线时，在山脚江边上可以看得见热气，走上一会儿，衣服就湿得可以拧出水来。但到了山顶，那叫一个冷啊！我们用的睡袋是 –19℃标准的，但早晨醒来，睡袋上尽是冰珠。"

晚上，即使是平卧在睡袋上，也常常会感到胸闷、心跳加快。为此，每次巡线和抢险，他们都得带上氧气袋以及红景天等药物。此外，煮饭也成了一个难题，一锅饭要煮两次，然后再慢慢焖，饭才会勉强熟透。

每次巡线，小伙子们都要用 20 多天的时间，走过 350 多公里长的巡线路。在这条路上，有 50 多公里是无人区、原始森林，狗熊、野猪和毒蛇等动物不时出没。虽然与有关部门联系后，大伙儿配备了电击器和专用刀具等，但要及时发现并能对付这些猛兽，还是极其困难的。

2008 年初，南方地区遭遇严重冰灾，碧罗雪山的冰雪程度尤其严重，220 千伏兰福线也跳闸停运。当时，山顶两侧数十公里的积雪，最深处达到 10 多米，小伙子们登顶 5 次方才成功。由于马匹无法在积雪里行走，到达海拔 3700 米时，大伙儿只好背着各种抢修材料和生活用具上山，每个人负重都在 40 公斤以上。每走四五十米，他们就要停下来休息，吸吸氧气。带队的分公司副经理杨建兴一不小心陷进雪窝，马上就陷到了脖子处，而此时脚还没

着地。幸好一旁的顾春平及时抓住了他，几个人趴在雪地上，七手八脚才将他从雪窝里拽了出来。

在山顶找到故障点后，抢修也十分困难，往常只要 10 多分钟就能完成的工作，此时得需要两个多小时。站长马成斌回忆道："等到工作结束时，我们的脸都变绿了。"

⊙线路加固，屡受袭击从未跳闸

220 千伏兰福线投产后，因气候极端恶劣，曾多次发生过跳闸现象。一旦跳闸，就会对怒江大峡谷内的可靠供电和电力外送造成影响，而每次抢修都危险重重。为此，在线路运行过程中，巡检员们都会认真收集相关数据，配合相关部门和单位进行大量技改工作，从根本上提高了线路的防覆冰能力。

2008 年 8 月，云南电网公司开始对 220 千伏兰福线进行永久性加固。云

南省送变电工程公司在山顶新建了 4 基铁塔，增强了线路抗击覆冰的能力。同时，将山顶的光缆改为入地敷设，对 18 基铁塔的跳线间隙进行了处理，在山顶安装了三套在线监控系统，可以视频方式随时观测山顶情况。此后，220 千伏兰福线抵御恶劣自然环境的能力有了很大提高。2009 年入冬以来，虽然历经了多次暴雪和严重结冰，但从未因此发生跳闸现象。

怒江供电局生技部的线路专责肖一凡，一说起怒江工作站的 12 个小伙子，就十分动情：“他们是真的不怕苦、真的很敬业，专业技术也很过硬。在我眼里，他们就是最可爱的人。”

扫一扫，点亮心灯

与猴子比攀岩、跟“蜘蛛侠”学溜索放线，不仅创造了电网施工建设的奇迹，更体现了为民服务的深情。以他为代表的南网人点亮的不只是独龙村寨的明灯，更是独龙人心灵深处的幸福曙光。

比山猴子还厉害的送电人

刘　畅　李睿诚

位于重重大山包围中的独龙江乡，是电力施工环境最恶劣、难度最大、单位投资成本最高、最具典型性的地方。而怒江供电有限公司独龙江供电所员工罗秀山的家在州府六库，离独龙江项目基地有 400 多公里。

⊙“舍小家顾大家，全心全意服务独龙江”

因为工作原因，罗秀山常年在外，很少能陪家里人。他的 14 岁女儿说：“爸爸出去十天半月是很正常的事，但那都是为了工作，我能理解。”听完 14 岁女儿说的话，罗秀山几度流下内疚的眼泪，但同时也深为感动。因为他知道，懂事的女儿已经明白他把承诺给了谁，把生命给了谁。

在独龙江乡建设供电网，罗秀山和同事们学会了不少新交通方式。首先就是用一个滑轮、一把干草过独溜索，从高向低，就用干草不断调节速度；从低到高，则要用好气力，否则就会一进三退。有时连独溜索都没有，他们就只能将绳子系腰上，从二三百米的悬崖处下到江边，再将引线扔给对岸的人。

“他们比山猴子还厉害！”独龙族老人普红文摇着头说，“不过最开始，我差点把他们打出去。”因为在村里架线有时要砍树，而在独龙人看来，树是山神的，外人绝不能动。后来，普红文老人去了趟乡政府，碰到了先用上“大电”的人，回去后他再也没有阻挠架线，还不时让孙子来施工队帮忙。

⊙意外失去战友，勒墨汉子更加坚强

罗秀山是白族支系勒墨人。勒墨人生活在云南省怒江傈僳族自治州泸水县洛本卓乡，是一个豁达、勤劳、勇敢的少数民族。勒墨汉子大都沉默寡言，但有着常人无法比拟的坚强意志。罗秀山就是这样一个人，尤其是面对突如其来的灾难时。

2010 年 12 月初，独龙江全乡突然停电，这对当地群众来说真是“雪上加霜”。本已撤回的罗秀山再次带队翻越巍峨险峻的高黎贡山，进入独龙江乡恢复供电。那时，山顶道路上已满是积雪，相关部门利用装载机每天进行清理，路旁堆放的积雪高达数米。

12 月 10 日，交通部门通知马上就要封山，完成独龙江乡恢复供电工作的人员开始撤离。当天下午 5 点，车队行至海拔最高点时，一次雪崩严严实实地堵住了道路。车上的人们立刻拿起工具开始清理积雪，此时有人大叫一声：“不好！快跑！雪崩来了！”话音刚落，伴随着巨大的声响，山顶的积雪

呼啸而至。

罗秀山的半个身子陷在雪内，他努力爬出来，大声喊："赶快清点人数！"一清点就发现，同事吴云海和两辆越野车不见了。万分焦急的罗秀山立即通知施工队负责人去请山下修隧道的武警支援，自己也迅速驱车返回10公里，找到一个有手机信号的地方，迅速与外界取得联系后再折返救人。

"当时大家各种工具并用，几乎不眨眼地盯着每个地方。每一秒钟都是希望与绝望并存，那种感觉，难受啊！"罗秀山说到这里有些哽咽。车子是最先挖出来的，晚上9点，才找到深埋雪中的吴云海，那时他的呼吸早已停止。罗秀山不停地对他进行心肺复苏，可已然是回天乏力。同事们失声痛哭，但罗秀山强忍着不出声，只是任凭泪水不停地流淌。

时隔一年，2011年12月，在独龙江乡即将封山前夕，罗秀山再次站在吴云海遇难的地方。他默默地敬了一杯酒，点了一支烟。"兄弟走好，你没做完的事，我们会继续做。"

工作之余，罗秀山常常想起吴云海，回想着与他一起并肩战斗的日日夜夜。罗秀山知道，没有什么比人的生命更为宝贵、更有价值，但为了独龙江整乡通电工作能按质按量提前完成，多少南网人置个人的生命于不顾，没日没夜地战斗在险象环生的工作第一线。吴云海为此失去了年轻的生命，是值得南网人和当地群众崇敬和怀念的榜样，而罗秀山和其他南网人仍然这样默默地工作着、奉献着。

⊙金杯银杯，不如老百姓的口碑；金奖银奖，不及老百姓的夸奖

2011 年 10 月 22 日晚，独龙江乡肖切村实现通电，开心的独龙族同胞不停地拉着罗秀山跳舞，并端来大碗的自制小锅酒“逼”他一饮而尽。

在整个怒江州，没有哪个地方的“村村通电”工程会像独龙江乡一样给罗秀山留下如此深刻的印象。因为这里是我国供电施工最艰难、最危险、单位成本最高的行政村，仅有 4300 多人，通电成本却超过亿元；这里被称为“人间最后的净土”，有“太古之民”独龙族，还有他遇难的同事……

罗秀山认为，在这个地方进行无电人口通电工程，“要带着一份敬畏去工作，无论是对这里的大山大河，还是对这里的少数民族”“唯有真心融入他们，以平等之心去帮助他们，才是我们应该做的”。

其实，一开始进行线路设计和施工时，由于占用了当地老百姓的部分土地以及必须要砍去一些树木，曾经发生过集体阻挠事件。正是基于“带着敬畏心工作”的理念，人同此心，心同此理，罗秀山主动和乡党委、村委会的领导

一道，向老百姓耐心讲解党的惠民政策、边境少数民族政策以及通电后所带来的方便和实惠，等等。罗秀山回忆，经过此番讲解与沟通后，工程每施工到一处，不仅没有一家老百姓进行过刁难，而且还都主动帮助施工方抬电杆、拉线……

不但如此，在“酒文化”十分浓厚的独龙族乡，每当举行重大庆典活动，当地老百姓都执意邀请罗秀山和同事们参加。每每连续饮过几碗酒后，不胜酒力的罗秀山就会醉意朦胧，但他不忍心辜负乡亲们的盛情。一次，一位年长的独龙族大爷突然从罗秀山背后将他紧紧抱住，动情地说：“小罗呀，谢谢你们给我们带来了这个‘太阳’（灯泡），我不用火把都可以找到你，你真是个大好人呐！”

更让罗秀山和同事们动容的是，每撤离一个通电村时，独龙族乡亲们都会难分难舍地拉着他们的手，说着他们听不懂的话语，并给他们送来鸡蛋、箴箩和名贵的独龙毯和董棕粉等。罗秀山和同事们常常婉言谢绝，因为他们知道当地群众的生活还十分困难，整族帮扶、整乡推进工作任重道远。但当

地群众对南网人的这份情爱，深深地感动着他们、激励着他们。

独龙江静静流淌了上千年，但此刻正在经历着前所未有的变化。而罗秀山与它的约定，还在继续。已然忘了多少次进入独龙江乡的罗秀山说：“得先把身子骨融进这个民族中间去。你不是施与者，只是改善他们生活的一个参与者。与其说在这里进行‘户户通’的电网人是光明使者，不如说是心存敬畏的探寻者——无论是对待这里的人，还是这里的山水。”

扫一扫，点亮心灯

大灾当前，责任在先。一方有难，八方支援。星夜兼程，只为冲锋在前；突入震中，不惧负重前行。争分夺秒抢修复电，抢出的是生命，恢复的是信心。他们在废墟中挺起脊梁，用一只只布满伤痕的手，点亮无助者的心灯。

点亮心灯，保护光明

梁　星

这是一群奋勇当先、无畏前进的战士；这是一队舍小家顾大家、点亮灾民心灯的勇士。有一种担当叫责任为先，有一种习惯叫冲锋在前，有一种力量叫众志成城。10 天抢险中，云南电网昭通鲁甸地震抢险复电突击队累计出动 1.6 万余人次。这是一场浓缩了南网真情的光明保卫战。

⊙陈宏 6 人团队：负重 300 公斤，徒步入震中

2014 年 8 月 3 日 16 点 30 分，时间在这里定格：一场 6.5 级强烈地震骤然降临云南省昭通市鲁甸县。

地震后，救援队伍星夜兼程向重灾区开进，这其中有一支特别的队伍——南方电网云南电网公司昭通供电局。他们以惊人的耐力和战斗力，在公路阻断车辆无法通行的情况下，负重跑步前行，成为最先到达震中灾区的救援队伍之一。

陈宏等 6 名“80 后”，来自昭通供电局变电检修部。连夜前往震中抢修，遇上道路中断和交通管制时，他们二话不说，在附近买了扁担和背篓，把最重要、最急需的器材捆好后，往肩上一挑、背上一背，就上路了。这些物资总重超过 300 公斤，在极重的负荷下，在不断的余震中，在路过沿途无数塌方巨石后，他们仅用 6 小时就到达了目的地——35 千伏龙头山变电站。35 公里的路，他们的背篓和登山包各背坏了一个。

这个 6 人小组中有 2 名党员，其中 5 人参加过 2012 年“9·7”彝良地震

抢险，有一定的抢险救灾经验。来不及休息，他们又迅速进入工作状态。更换隔离开关，校保护屏柜、电子屏柜……工作一项接着一项。“救急要紧，不能让灾区没电用。”陈宏说，要尽快把受损设备修好，为灾区提供稳定的电力供应。

在抢险现场，6 个小伙子的眼睛都是红肿的，身上很多地方都是青一块紫一块的。而在地震发生前两天，这个 6 人抢修小组一直在冒雨抢修紧急缺陷，已连续两夜没有休息了。

⊙何刚袁梅夫妻：虽失亲人，忍痛战斗

何刚，鲁甸供电公司输电所副所长，一名党员。妻子袁梅，城区供电所业扩员。地震后，夫妻俩藏起在地震中失去五位亲人的悲痛，战斗在抗震保电的最前线……

“爷爷、奶奶还有二舅全家都被埋房子底下了……”何刚接到妻子袁梅的电话，心急如焚，但也只能安慰：“我正赶往龙头山，别怕！”放下电话，何刚擦去眼泪，继续赶赴灾区。当天傍晚，因进入重灾区的道路中断，何刚和同事们只有负重摸黑徒步进去，何刚的右脚因此受伤，血流不止。

当晚 10 点多，和同事们在龙头山广场安装完应急发电机后，何刚赶紧赶

回老家，加入救人队伍，靠双手刨、用木板撬，在废墟中寻找着亲人。然而不幸的是，当亲人在凌晨被刨出来时，只有爷爷、外婆幸存下来，奶奶和另外四位亲人都遇难了。他们当中年纪最大的 80 多岁，最小的才 3 岁。

第二天中午时分，何刚强忍悲痛，一瘸一拐地走到龙头山供电所继续参加抢险。不多时，袁梅也跟过来了，她一言不发地穿上工作服，加入到后勤小组和便民服务的队伍中。

在接下来的几天里，何刚忍着心里的悲痛和伤口的疼痛，一边记录每天的抢修进度，一边帮忙搬运应急物资。同事们于心不忍，让他多休息，少承重，他总是笑着说没事。

妻子袁梅也早已悄悄收起悲伤，全身心投入到抢险救灾中。白天她坚守在电力便民服务点，为进驻灾区的救援武警、官兵、医疗队、志愿者和当地受灾群众提供充电、用电宣传服务，晚上她到后勤组做饭、端水，慰问一线抢修人员。

就这样，这对“80 后”年轻夫妻在震后最艰苦的前几天，忍着亲人离世的巨大痛苦，共同坚守在抗震前线。在大灾大难面前，夫妻上阵，举重若轻，无私奉献，以年轻的身躯主动承担起电力人应该承担的社会责任，为电力救灾抢修谱写了一首感人的电力之歌。

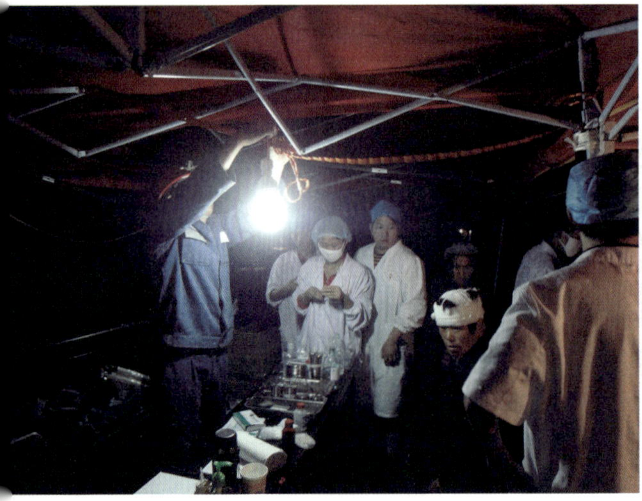

⊙宗朝禄：两天没合眼，救出 4 人

2014 年 8 月 4 日中午，龙头山镇小广场物资发放现场，一个头戴南网蓝安全帽的人员格外引人注意。他叫宗朝禄，是龙头山供电所农电工，身兼葫芦社社长、村委委员等多重身份。

地震发生时，宗朝禄正在电杆上抄表，等强烈的晃动过后，他从杆上下来，骑上摩托车就往供电所赶。“地震的影响很老火（严重），房子倒得差不多了，电线杆子也倒成一片。”宗朝禄说。车骑到一半，路断了，他放下摩托车就走。离供电所还有 8 公里左右的路程，他走了一个半小时。

回到供电所，天还下着大雨，宗朝禄和同事及时把应急发电机运到了政府的临时救灾指挥部，并架起了高杆灯，为当晚省长组织召开的应急现场会议提供电力供应。当天半夜两点多，听说同村还有人被困，宗朝禄又参与到救人的队伍中，共救出两人。回到抢修的队伍时，已是凌晨 5 点多，通往镇政府所在地的电力线路终于抢通了。“当时我正顺着 10 千伏的杆子巡查线路，巡完一遍就赶紧去救人。”宗朝禄说。后来，他又救出两人。

宗朝禄一夜没合眼，第二天早上，作为村社的社长，他被安排给村里群众发放物资。由于地震发生后一直在全力救灾，宗朝禄在 30 多个小时里只吃了一盒方便面，一分钟觉也没睡。他说，救人要紧，抢修复电要紧。其实，宗朝禄家的房屋已经倒塌，但他没回去看过一眼。

2014 年 8 月 4 日 12 点，也就是震后 22 个小时，正在察看灾情的国务院总理李克强听到震中龙头山镇已经恢复供电时，高兴地表扬抢险复电突击队。中华民族往往在最危险的时候，迸发出动人心魄的璀璨。点亮无助者的心灯，这不仅代表着南网责任，更代表着一个国家的意志和力量。

扫一扫，点亮心灯

万径人踪灭，唯有雪落无言；千山鸟飞绝，信有岁月如歌。他们与铁塔为伍，与线路做伴，以光明结缘，以奉献流传。他们在雪域收获爱情，更为雪域守护光明。

守护电网的高原格桑花

谭　欢　周志旺　刘　波

在海拔超过 3000 米的香格里拉，任宪利为采集一手的电力数据，8 年走遍了迪庆 30 多座 110 千伏变电站和 60 多座水电站；而她的丈夫和松云常年负责迪庆 13 条 110 千伏以上高压线路、1500 多杆基塔的运维工作。这对南网夫妇犹如高原格桑花那般，在风霜和寂寞中傲然绽放。

⊙朝九晚五，是他们的奢望

2017 年 5 月 10 日一大早，家住云南省香格里拉县康巴路的任宪利照顾儿子用完餐，驱车送他到 3 公里外的幼儿园，并在 8 点半前准时赶到云南电网公司迪庆供电局。担任该局电力调度控制中心综合组组长的她，除了日常调度工作外，把更多精力放在了处理琐碎的办公室事务上，如组织填写各类材料，上情下达。

而与此同时，任宪利的丈夫和松云正步行到 1 公里外的工作地——云南省送变电工程公司迪庆工作站。根据工作安排，他当天要巡视建太线——南方电网供电区域内海拔最高的 500 千伏超高压输电线路。在平均海拔 3500 多米的迪庆进行爬山和攀塔等剧烈运动，高原反应在所难免。而高山上常年不化的积雪，在阳光直射下耀眼灼目。因此，不同于网内其他区域，迪庆高原巡线工人的背包内往往会有两个特色装备——氧气罐和护目镜。

和松云在基塔下巡视一番，拿出相机在黄色的安健环标识前留影，然后登高远眺线路下方走廊，观察是否有外力破坏的痕迹和隐患，用望远镜查看铁塔上是否有鸟窝、绝缘子是否完好。正午时分，路过一处开阔地，和松云拿出一盒烟，与同事黄志虎相互点上，猛吸一番，然后将烟蒂狠狠揉进泥土里，灌上几口纯净水后又起身上路。

下午将近 5 点，和松云与黄志虎到山下找了家熟食店，一顿狼吞虎咽。这是他们日常巡线的第二顿饭，也是当天的晚餐。和松云说，平日吃厌了干粮，甚至到超市都要绕开干粮食品。而上下山一趟，耗时不少于两小时。权衡过后，不愿吃干粮的两人索性不吃午餐，如今已成习惯。

举行婚礼的前一天，和松云带着任宪利匆匆赶回金沙江边的老家。婚后第二天，和松云就出差到维西巡线，一去就是 26 天。平时如果幸运的话，掌灯时分，一家三口得以团聚。8 年来，这种城市上班族司空见惯、平淡乏味的朝九晚五钟摆生活，对于任宪利夫妇而言几乎是一种奢望。

⊙你在那头，我在这头

婚姻和家庭让任宪利的生活焕然一新，夫妻聚少离多，她将更多精力倾注到工作中。

迪庆是三江并流地区的腹地，水电资源丰富。如何保证电网安全稳定运行，破解网架结构薄弱难题，曾困扰迪庆供电人多年。2011 年开始，任宪利与同事翻越白马雪山、甲午雪山，深入号称“云南北极”的德钦县羊拉乡，走过溜索桥，渡过金沙江、澜沧江。身材娇小的她，走遍迪庆州 30 多座 110

千伏变电站和60多座水电站，先后整理了6万多条数据，进行了上万次计算，优化了电网运行方式，协助发电企业开展机网协调等工作。

得益于此，迪庆电网的外送能力从2010年的26万千瓦上升至2016年的60万千瓦，外送电量从2010年的20亿千瓦时上升至2015年的30亿千瓦时，实现了电网企业和发电企业的“双赢”，保障了云南藏区的供电需求。

2014年清明节，迪庆州东北部突发山火，威胁到迪庆电网连接云南电网的枢纽通道——500千伏建太甲线。任宪利得到报警信息后，经过计算，在5分钟之内立即转移负荷，将这条线路的电流调整为零，并断开开关，电网安全暂时无虞。

而在数公里外的火场边，和松云与黄志虎已打地铺坚守多日。连续两天火势不减，黄志虎在现场发出一条微信：“塔在人在。”2014年4月23日下午，和松云接到了父亲的电话：“外公去世了。”他怔住了，嘴里喃喃自语：“我能怎么办呢？我走不开呀……”时至今日，他仍然自责。

因工作繁忙，儿子出生一年后就被送往金沙江，由爷爷奶奶看管，两周才能回家一次，因此儿子对父母爱理不理。一次，任宪利趁儿子睡着，把他悄悄抱到身边亲近一下，结果儿子惊醒后挣脱着直喊“奶奶”，任宪利黯然落泪。直到孩子3岁回城区上幼儿园后，母子关系才日渐融洽。但对和松云而言，儿子不亲近他的情况始终难以改观。他试着买些玩具跟儿子套近乎，但还是很少听到儿子喊“爸爸”。

⊙“现在知道平时我都干什么了吧”

2016 年 4 月 30 日晚，中央电视台《新闻联播》播出“五一”特别节目《中国梦·劳动美——光明使者点亮生活》，时长将近 5 分半钟。该片采用纪录片的拍摄手法，运用航拍镜头，在海拔 3700 米的高空记录了高原巡线者的工作场景。作为全国电力行业的唯一代表，和松云成为新闻主角。在新闻报道中，他道出了多年的愧疚和期盼：“尽管妻子也是一名电力工人，但她还是忍不住乱想，怕丈夫出事。春节想和丈夫回趟陕西老家，却等了一年又一年。”

节目播出当天，儿子端坐在电视机前，激动地大叫起来：“这是我爸爸！我爸爸！”和松云难抑激动：“现在知道平时我都干什么了吧？知道我为什么不能经常和大家团聚了吧！”在金沙江畔的老家，镇上和村里都组织观看了报道。“真的辛苦啦！”大家纷纷安慰和松云。

8 年来，任宪利两次被评为迪庆供电局年度优秀共产党员，先后被评为南方电网公司先进工作者和云南省劳动模范。2016 年“五一”劳动节前夕，她被授予全国五一劳动奖章。在先进事迹汇报中，她讲道：“我将继续立足岗位，扎根高原，做一朵守护电网的高原格桑花。”

是的！这对南网夫妇犹如高原格桑花那般，在风霜和寂寞中傲然绽放。

扫一扫，点亮心灯

一颗素心，无谓名相。涓滴善念，碧水流长。或深或浅，是她留在山间的无数个脚印；情真情浓，是她星夜兼程的每一个村庄。她的善良犹如冬日暖阳，直贯人心，坦坦荡荡。

乌蒙善心

毛春初　帅　泉　陈　波　贾理要

从空中俯瞰下去，云南省昭通市高山兀立、沟壑遍布，甚至没有一块平整的土地跟炊烟、鱼米幸福地连在一起。地球的悸动在此从未停止，在这里繁衍生息，除却命运安排，更需勇气面对。谁也没有想到一个弱女子竟然跑到深山里当起了驻村第一书记——云南电网公司昭通供电局彝良供电公司员工吴长碧，就这样来到了彝良县牛街镇水田村。山有多陡？“爬上去就成了开裆裤。”一个穿着西裤爬山的人这样说。

⊙素心

2015 年 9 月，吴长碧第一次来到水田村。村干部已经记不清她当初来的场景了。“我是租了一辆面包车自己来的。”吴长碧一向不愿意麻烦别人，即便是这么大的事情。她穿着一双帆布鞋，身着朴素的黑衬衣、黑牛仔裤。“女儿曾经在网上给我买了一件衣服，29.9 元。”不过因为是绿色的，她很少穿。一直以来，她更偏爱黑白灰这样的颜色。她有点腼腆，走路总是跟随在后，吃饭就坐在一角。她的几个职业选择都跟服务工作有关，到过供销社、招待所、供电营业厅、客户服务中心。她的角色感是随时随地的，只要坐下讨论事情，她总记得给在座的人默默加茶水。

虽然很腼腆，但吴长碧也曾有让人大吃一惊的时候。彝良县政府各部门从 1998 年到 2005 年欠交近 80 万元电费，那年，公司领导把这个棘手的事情交给了吴长碧，结果她只用了 33 天就把全部欠款收回。吴长碧在水田村当了一年多的驻村书记，除了安排处理政府下拨的1000多万元资金外，还通过政府和娘家单位彝良供电公司以及一些爱心人士筹集了30多万元。“应该是她自己补贴了一部分，或者找各种朋友‘化缘’来的。”村支书黄明午并不清楚吴长碧找钱的法子。但在村主任黄方义看来，“她的社会关系很好”。吴长碧却笑着否认了。“不过确实有很多热心人愿意帮忙，但绝不是因为和我关系好而伸出援手。大家都情不自禁伸手帮助，我感谢他们。”

吴长碧找钱的法子，就是她四处散发着对这方水土的热爱。她心里装的世界很大，每次交谈，那些宏大语言被她讲出来后都透着一股热忱。“做一个南网人，我特别自豪，因为我们真正把光明带给千家万户。我们不需要回馈，只需要理解。”她一直想写一篇报道，呼吁大家从餐桌上节省一粒饭开始，人人参与扶贫。“可惜我的文笔不够。”她低下了声音。很明显，从她的精神世界里延伸出来一种热望——把自己的事情向伟大目标攀缘。

⊙执念

曾经也有扶贫工作人员到水田村，“来了一天，第二天就走了，还是个男的。”黄方义提起这个话题时有点愤懑，“这次终于来了个女的，我觉得有希望。”他的话语里透着事后诸葛亮式的狡黠。

村主任的判断没错，吴长碧这个女干部正儿八经地把这里当成了家。按规定，一个扶贫干部在扶贫点待20天就够了，“但她却一直待在这里，除了去上面开会”。

吴长碧首先面对的就是眼前的大山，826户3629人全都“蜷缩”在这里。扶贫的第一步就是摸清情况，精细化分析每户致贫的原因。“283户贫困户，她都跑遍了。”牛街镇镇长石兴华说。“一看房、二看粮、三看读书郎。”这是识别贫困户的顺口溜，但真正的识别谈何容易，而且找出贫困户在别的地方可能最多就是跑跑腿，但在这里可能就是搭上性命。

2016年6月21日，在为贫困户建档立卡的关键时刻，村里发现漏报了几户，这几户位于水田村最偏远、道路最艰险的道洞小组。大家都说算了，吴长碧咬咬牙："如果耽误了他们，就是错过一生。"一个手电筒、一副拐杖，再加上一个当地人，吴长碧就这样从 600 多米爬到 1600 米的悬崖旁，找到这几户人家拍照立档。那天偏还大雨如注，直到晚上 10 点，吴长碧才返回。听闻吴书记"疯狂"的举动后，山下的老百姓都自发骑着摩托到路边迎接她。

水田村距离牛街镇 22.5 公里、县城 103 公里，由于没有直达的公交线路，吴长碧出去办事时只能交替乘坐各种交通工具，面包车、摩托车，有时甚至要步行。她的手机里存着很多微型面包车和摩托车司机的电话，大致数了一下，就有 8 到 10 个。扶贫，就像她外出选乘交通工具一样，需要提前安排，还要各种组合变换，等待、烦心、想招，都只为一个目的——到达目的地。"横下一颗心，把一个小目标达成了，就这么回事。"

⊙名相

2016 年 10 月，吴长碧接到了县里的通知，她将作为从全县 101 个驻村干部里选出的 4 名扶贫干部之一去北京培训。这是彝良县对她的褒奖。但村里人听说这个消息后都哭了，以为她要走。吴长碧也跟着哭："这里所有的一

切，都在打动我。”

“扶贫干部之所以能够把工作做好，不是他们有多大能耐，而是他们把心放在了这里。”昭通市卫生局副局长邵光奎说。其实，很多人都怕吴长碧走。“她来这一年，与百姓的关系比我们都要好很多。”有位村干部表示赞叹。“你会不会也舍不得离开？”吴长碧听到这个问题时，思考了一下。“说真心话，任何投入真心并收获价值的工作，谁都舍不得离开，但以后如何我不去想，做好当下就好。”

无论是行走在路上，还是坐在村民家中，与吴长碧打招呼的人都络绎不绝，甚至有些年轻人骑摩托车经过时，还会停下来问候一两句。10月，水田村进入土建的高峰期，一条通往外界的水泥路正在修建。走在尚未完全修通的水泥路上，吴长碧有点兴奋。“越往里面走，越有家的感觉。”在蜿蜒的山路拐弯处，她抬手一指——高山耸立，雾霭流岚，河道蜿蜒，炊烟飘荡，成排的房子偎依在一条小河旁。这里，承载了她内心深处的希望，也是她的另一个“家”。

扫一扫，点亮心灯

他的身上有个铃铛，走到哪儿，响到哪儿。月亮山莽莽丛峰，十数个春秋，他伴着铃铛声穿梭其间，给山里乡民送去光明、温暖和希望。

月亮山响起驼铃声

王路侠

六月多雨，好容易放晴，贵州榕江兴华乡的中心广场上，乡民正济济一群在唱歌。

“攀登高峰望故乡，黄沙万里长……”

集会的人多是苗族和水族，唱的第一首歌却是汉族歌曲《梦驼铃》。村民冷政明说，这歌是专门唱给驼铃马的。

驼铃马不是一匹马，而是一个人。

他的名字，叫王炳益。

⊙黄沙吹老了岁月 吹不老我的信念

王炳益是贵州电网榕江供电局兴华供电所的员工，在月亮山区抄表13年，据说走的路赶上5个长征了。但王炳益并非天生“伟岸”，他也曾是个普通的青年。

王炳益生于1978年，1999年从技校毕业后，上街头摆摊修家电，收入不错，过得很潇洒。2000年，兴华供电所招人，因为有电工证，兄长介绍他过去。“毕竟是份正式的工作。”一开始他干得并不起劲儿。“钱少事多，管着3个村，每月工资才60元。”王炳益说，“我摆摊的时候，生意好点的话，一天就能挣两三百元。”但在师傅李虎和兄长的劝说下，他还是坚持下来了，只是积极性寥寥，也并不认为自己干的是多么要紧的事。

直到2005年，王炳益去榕江供电局参加了一次员工培训，一切霍然变样，他的眼前打开了一个新世界。“原来供电所不只是一个小所，而是供电局的一个单元；我管的也不只是几个零碎村寨，而是整个南方电网服务对象的一部分。原来我所在的公司那么大，目标那么宏远——万家灯火，南网情深，听着就好厉害。”从此，王炳益有了归属感，干活多了荣耀感。

“那时我们所，连所长在内有4个人，'我们不是光杆员工，而是有千千万万人跟我们做着同样的事。”2007年，工作表现脱胎换骨的王炳益成了抢修班的班长，班里已有14人，但人手还是不够。3个乡镇27个村子，大多是少数民族聚居的山区，路难走，人分散，活儿很不好干。

作为班长，王炳益一人管着一个乡镇，每月下去两次，一次抄表，一次收费。每次来回要7天，抢修另算。这段路十分难走，从都柳江畔开始，需要蹚水、翻崖，还要在野兽出没的林子里穿行。

王炳益一直这么走着，不知不觉已是13年。直到现在，所长都换了4个，他依然还坚守在这里，成了兴华供电所最老的员工。

⊙何处传来驼铃声 声声敲心坎

“炳益啊，我要点感冒药，还要两个灯泡。”

“炳益，麻烦你给我带包洗衣粉、两包盐和一包味精，我煮饭等你啊。”

每个月初，王炳益出发前，都会接到一堆这样的电话。

因为月亮山太深太大，出来一趟不容易，山里人会托他带点小东西。这规矩最早是从摆乔村的冷老各家开始的。

冷老各今年快 70 岁了，和爱人住在一起。老两口没儿子，就有一个远嫁的女儿，所以跟孤老没两样。冷老各家没什么收入，柴火得自己上山砍，靠政府的低保艰难度日。

2009 年 3 月的一天，王炳益到冷老各家抄表，发现老人躺在床上，两腮通红，咳嗽涕流，急坏了的冷奶奶正忙着出门，想去寨上找“鬼师”驱鬼。王炳益一看这是着凉发烧了，赶紧拦下她，从包里掏出随身带的感冒药给老人吃了两颗，然后嘱咐他多喝水，生火取暖。冷奶奶就说这两天一直下雨，他们上不了山。王炳益也不多说，直接出门帮着砍了柴回来。自此，他开始帮两位老人交电费，上山时会顺路砍了柴扛到家，平日还捎带些生活日用品，药啊、肉啊、水果啊，至今已逾 4 个年头。

在这之前，王炳益就和同事一起，一直捐助兴华乡高排村的孤寡老军人包老倪，帮着交纳电费、置衣送米；在这之后，王炳益又接收了摆乔村另一对情况相同的冷老祖夫妇。

每月那几天，冷老各夫妇就会竖起耳朵听寨子里的铃铛声。铃铛是王炳益身上除了工具袋和货袋外的必备装备。“一个人在山里走，难免寂寞，听着铃铛响，就好像有人陪一样。”

⊙乡关在何方 你心安处是我家

摆乔村的支书冷明松，是王炳益的小学同学。他说：“炳益也给我带过东西，不过不是药和盐，而是白花花的钞票。”

那是 2008 年，寨子里还没通路，摆乔村的年人均收入只有两三百元。“实在是太穷了，我一想到这个就犯愁。”冷明松说，有天王炳益上来抄表，看到他愁眉苦脸的样子，问清原委后，过两天再来就给出了个主意。“现在外面香菇货俏，一斤能卖到两百多元，我看你这里挺适合种这个的，为什么不试试？”

那就试试吧，冷明松因此买了 60 多袋香菇种子。没想到，当年纯得利就差不多有 3000 元。村里人一看有钱赚，都跟着他一起种香菇，那两年每家的收入都能达到两三千元，使得一村人看到王炳益，就都热情得不得了。

“他这人实在。村里有次过年跳闸，其实我们也懂修，就是不敢动，于是打电话给他。当时雪下那么大，路都被埋了，炳益一句抱怨都没有，为了几秒钟的活儿，愣是走了 3 个多小时山路上来。”冷明松感慨地说。

除了帮人致富，每次抄表，王炳益还会顺带备些防山火知识手册、用电

安全手册和其他觉得村民用得上的书本进去。“都是父老乡亲，进去一次不容易，能给多少给多少。”王炳益指着寨子里的木结构房子说，这些屋子虽然住着舒服，但一起火就是一片，用火用电一个不小心，麻烦就大了。

路过村民王老远家时，王炳益被叫住了。王老远让他帮忙在自家的危房改造申请书上签字，顺带问问他冰箱的行情，最近日子好过了，他想添个大件。王炳益乐呵呵地帮他签了名，继续上路。

“人都是处出来的。”王炳益说，最早的时候，月亮山的村民都管他叫“那个抄电表的”，口气也不大友好，因为他一来就要给钱；现在人家还管他叫“那个抄电表的”，却透着一股子亲近和调侃。

兴华乡没有药店，买药得去镇上的水族乡卫生院。卫生院小卖部的姑娘说认识王炳益，因为他每个月总要来那么一两次，每次都买一堆药，但“不清楚他是干什么的”。

王炳益正是这样普通——“我就是个抄电表的。”这个普通人的想法也很单纯，他是兴华供电所最老的员工，他在莽莽大山一走13年，不是为了什么坚守，更不曾想过什么伟不伟大，仅仅因为他生长在这片土地，离不开也不想走。而对他所在辖区的月亮山村民来说，“那个抄电表的”就像山间灌木、春风秋信一样，毫不起眼，却又不可或缺。

扫一扫，点亮心灯

以天地作房，以高山为桌，以铁塔和线路为笔和纸，迈过无数个险阻，走过无数个昼夜，描绘着大山深处的幸福蓝图。白天背着太阳，晚上背着月亮，他们背着乐观的态度，背着浓浓的情谊，背着歌声，背着责任……

背着幸福的巡线队

邹永勇

天还没全亮，遵义供电局道真工作站的队员们就一脚踏进黔北的茫茫大山，开始了漫长的巡线工作。因为巡线时身背当地仡佬族特有的背夹，他们被当地人称作“背夹巡线队”。

⊙“爱上这份工作，就什么都不觉得苦了”

2013 年 10 月，邵正义从背夹巡线队借调到道真供电局人力资源部工作，由于工作出色，人力资源部主任一直想把他留下。但在借调了 8 个月后，邵正义还是敲开了局长王永森的办公室房门，主动申请回到 10 个人的背夹巡线队。

作为“90 后”的邵正义，为什么会放弃坐办公室的机会而甘愿踏上巡线路？是怎样的一支团队让他舍不得离开？他说，在背夹巡线路上，他懂得了担当，学会了坚强，找到了快乐。队员们背上的背夹，装上工具后重达 30 多斤。有时遇到抢修任务，工具的重量会增加好几倍。对于这样的重量，队员们却笑称：“轻得很，像背羽毛。”邵正义非常喜欢队友们的这种乐观。几年下来，他明白，背习惯了，就感觉不到背夹沉了；走多了，也就不觉得走路有多苦了。

夏天是巡线队最难熬的日子。疯长的植被不仅是蛇虫野兽栖息之所，也让原来走出的小路很快就被覆盖，扎人的刺蓬也让人难以忍受。对于巡线队员来说，最危险的不是山高路险，而是马蜂、野猪、毒蛇这样的“活物”。巡线时，通常是前面一人用弯刀打草驱赶蛇虫野兽，后面人员紧随其后。

被马蜂蜇过、脑袋上还留有伤疤的队员马洪波却把巡线看作是一种“福利”：“我们可以欣赏不同季节的大自然美景，看看那些山间的野花、大树，饿了可以吃到酸甜的野果，渴了可以喝上甘甜的山泉水，幸福得很呢！”当然，最让他们感到幸福的还是他们所维护的线路变得越来越坚强了——线路跳闸次数连续三年降低 50%。

⊙“把缺陷消了，心里就相当踏实”

对于队员们来说，进山巡线不分工作日和休息日，只有晴天和雨天。他们每三个月就要对线路进行一次综合巡视，两三人一组，每条线路的巡视时间少则一周、多则半月。雨天就留在办公室里整理数据，一旦出现线路故障，就能随叫随到。

巡线队维护的线路大多跨越深沟、峡谷，要完成巡线工作，就需要长年在荆棘密布的丛林间、陡峭的悬崖上跋涉攀爬，翻过 100 多座山头，穿越 60 多千米的无人区。在他们维护的 32 条线路中，110 千伏上涩线的沿途环境犹如炼狱般残酷：巡视 78 号塔至 83 号塔，要先坐车 4 小时到达山脚，从山的北面沿路巡视 3 基杆塔，再花 2 小时爬到山对面巡视另外的 3 基杆塔，最后还得花 2 小时返回来。

“对面山上全是断壁，无路可走，我们只能再走回头路。”巡线队员王跃进说。“最苦的时候，就是累极了但还得坚持的那会儿。”邵正义说。经历过无数次这样“最苦的时候”的王跃进是邵正义的师傅，谈及辛苦，57 岁的他总是那句简单的话：“这是我们的工作，再困难我们也得想尽办法去完成。”就是抱着这样简单的想法，大伙儿一年年走了下来。

在巡线途中，队长陈强说：“我们的路有两条。一条在天上，就是头上的输电线路，能带来万家灯火；一条在地上，就在我们脚下，脚踩得越踏实，心里面就越舒服、越满足。”

CSG
CSG
背篓巡线队

⊙ “在这里，我们就是一家人”

“一项工作，不是你做了就算会了。要安全地做了，才叫真正会了！”这是王跃进说进邵正义心里的一句话。巡线队平均年龄高达 39.7 岁，队员大多拥有十几年以上的巡线经验。巡线环境险，抢修工作重，大伙儿深知线路安全的前提是人的安全。

在野外，保自身安全，保伙伴安全，必须团结协作。互学互助是巡线队的老传统。每次故障消缺后，队员们都会利用空余时间，聚在一起对故障原因进行分析。在每次线路巡视结束后，队里会就地进行实操演练，经验丰富的老师傅会对每一个步骤和环节进行讲解和演示，直到全体队员都熟知、会做。

开展对工器具的检查，进行严密细致的分工，开展对风险点的分析……无论在怎样的环境，他们都坚持一丝不苟地执行安全规程。刚才巡线路上还欢声笑语、山歌不断、玩笑连篇，一旦开始作业，每个人就都判若两人，严

肃认真，十分“守规矩”。

在长时间的并肩作战中，对伙伴的关心、关爱已成为巡线队每一个人的本能反应。每次遇到状况，他们总是能通过三言两语，甚至一个眼神，就制订出最佳方案，并立即执行。

“在这些年轻人面前，我就像他们父辈一样，要多爱护他们。年龄大的，就应该发挥带头作用。艰难的地方，我上了，他们肯定会上。平时下班后，没有什么娱乐，我就把大伙儿的弯刀都收回去，回家自己打磨。”王跃进说，这些年轻人很好学，有困难就克服，从不推脱。

让马洪波一直铭记于心的是，早些年他的父亲和孩子相继患病，家里一度非常困难，大家闷声不响地主动帮他承担一些工作，得了空还去看望他的家人。

选择背夹巡线队，邵正义说，他没有后悔，只有幸福。他觉得背夹巡线队里有一种“魂”，就像解放军的“军魂”一样，领着他不断地往前走。

走的路多了，年华也被踩出更多的印记。这群不再年轻的汉子，就像一家人一样，共患难，同进退，走过数不清的沟沟坎坎。他们的背夹，白天背着太阳，晚上背着月亮，而在黔北高原的乡亲看来，他们是背着幸福的人。

扫一扫，点亮心灯

不需三尺讲台，他把师道写在抢修复电的路上；不用高歌礼赞，他把创新实践在安全作业中。以解惑为师，以敬业为道，“金牌师傅”的金牌所昭示的，是南网人心灵的成色，是生生不息的传承。

“金牌师傅”无悔传承

杨志坚

从事电力检修工作20年，卢兴福度过了无数个不眠之夜。他彻夜检修设备，为的是万千人家的窗前明灯；他通宵研发创新，为的是无数工友的平安作业；他随时答疑解惑，为的是技能人才的“满园春色”。他身上体现了一种南网师道：以业随身，不卑不亢；教学相长，传承精髓。虽时光不语，却生生不息。

⊙万家灯火系于一身

2015年6月19日凌晨，贵阳市开阳县郊外，大雨。贵阳供电局变电管理二所检修一班副班长卢兴福与工友在220千伏变电站里检修开关，两支手电筒在大雨中发出微弱的光。卢兴福穿着雨衣，脚踩绝缘胶鞋，正在检修断路器故障，工友则在一旁用手电筒为他照明。卢兴福与工友顾不上恶劣的天气，争分夺秒地排除故障——开阳变电站是贵阳电网主网的重要变电站之一，检修时间越长，供电可靠性越低。雨越下越大，他们只有不停地抬手抹掉脸上的雨水，才能勉强看清电线回路。终于，3个多小时后，卢兴福找到了故障原因。原来是合闸回路虚接，带不起负荷。排除故障后，他抹了一把汗，却迈不开步子——长时间专注地工作，他的双腿已经麻木。

凌晨1点，卢兴福终于回到贵阳的家中。对从事电力工作20年的卢兴福来说，这早已是家常便饭。一年365天，每天24小时，只要手机一响，他必须立马奔赴现场，风雨无阻、节假无休。“干电力工作嘛，苦点累点都不怕。”

卢兴福说，唯一让他感到害怕的，是停电时间。如今，每次完成检修任务回到家中，他都会打开窗户眺望，看夜色中的贵阳，看那璀璨的灯光——万家灯火系于一身，他深知责任重大。

⊙创新发明源自真情

“直流融冰短接装置”是卢兴福研发时间最长、花费精力最大、倾注感情最多的一项发明。发明这项设备的念头起于 2008 年。那一年，贵阳遭遇特大凝冻灾害，电网受到严重损坏，造成大面积停电。卢兴福和工友们奔赴前线，抢修设备、手工除冰，整整两个月没有回家。为了去除设备和电线上的冰凝，他们戴着手套，心惊胆战地爬上滑溜溜的架子。弄不了几下，手套就会被冰黏住，扯都扯不下来。可是，没有人退缩，电力工人轮番上阵，直到完成抢修任务。工友们的精神让卢兴福几欲落泪，他暗下决心，一定要发明一种工具应对凝冻，让电力工人再不受这样的苦。

没想到，这项发明并不顺利。卢兴福设计的图样太过复杂，没有厂家能够做出模具；成本预算太高，不利于推广制作；关键部位的凸轮、滚子制作精

度不够，达不到理想效果……然而，种种困难并没有让这个坚毅的汉子退缩。经过无数次推倒重来、无数次修改设计、无数次改进模型，2014 年，“直流融冰短接装置”获得国家专利并广泛投入使用。该设备会快速发热融化冰层，大大降低了除冰的风险。“这个设备真方便，为我们省了不少事！”许多老工人向卢兴福伸出大拇指。得到工友的夸奖，卢兴福特别开心：“能够改进设备、解决问题，这就是我的价值。发明创新，是一件行在当下、利在长远的事情，我愿意为此拼尽全力。”

在卢兴福身前，铅笔、标尺、模型、工具铺满了桌面；在他身后，陈列柜里摆满了奖状和证书：“贵州省金牌工人”“贵州省技术能手”“科技创新之星”……在办公室的一侧，三层的架子上陈列着卢兴福和工友们的“智慧结晶”：无须断电即可更换的压力行程开关装架、变压器自动排气装置、配有摄像头的用电监察现场作业仪……“我没有别的兴趣爱好，就喜欢琢磨电力设备和工具，想方设法避免问题、提高效率、减少人力。”卢兴福说。

断路器的机构行程开关容易损坏，经常需要更换。可是，三组开关连在一起，换一个就得拆下其他两个，每次都要花费一两个小时，还大幅延长了停电时间。卢兴福琢磨了很久，自己动手焊接了一个行程开关安装架，每组开关独立安装，不用断电、互不影响。很快，这项发明获得了国家专利，在贵阳供电局管辖范围内的变电站里投入使用。

⊙桃李天下润物无声

“你查一下 012、013 电气闭锁，问题应该出在那里。”“应该是分闸回路

的问题，你动一下试试。”2015 年 4 月 28 日深夜，几位工友先后打来求助电话。耐心指导工友解决问题后，卢兴福回到床上躺下，却辗转反侧。十几个小时前，他还在北京参加全国劳模表彰大会，坐在人民大会堂里，聆听习近平总书记的重要讲话。“荣誉是继续前行的动力。广大劳动模范和先进工作者要珍惜荣誉、再接再厉，爱岗敬业、争创一流……”

作为技术创新能手，卢兴福经常接到工友打来的电话，每天少说也有近百个，最多的一天达到 200 个。为此，卢兴福买了两块手机电池，随时随地都在充电。电话指导还不够，许多年轻人一有机会就围着卢兴福问个不停。即使这些年轻人很多是名牌大学毕业、拥有研究生学历，但卢兴福传授的实践经验和创新技术，是他们从书本里学不到且能受用一生的大学问。

从 2003 年起，卢兴福开始带徒弟。传道、授业、解惑，他毫无保留地把自己的知识和经验传授给他们。这一带，就是十几年。他带出了 22 个徒弟，个个技术精湛、尽职爱岗。其中，陈世丹、曹俊等 5 位徒弟，已经成长为技能专家。在他看来，“一枝独秀”并无意义，更重要的是“春色满园”：让贵阳供电局拥有越来越多的学习型、技能型人才。也因此，他被众多徒弟称为“金牌师傅”。

扫一扫，点亮心灯

一座“同心桥”是他半辈子的积蓄，一方灯火是他翻山越岭的守护。心桥梦圆，掌灯麻山；报恩廿载，情动家乡。这是人与土地的契约，也映照着中华文明的风范泱泱。

架设“心桥”守初心

谭　欢　　王春山　　肖安全　　刘高才

在贵州省安顺市紫云县松山镇同心村，一条“村村通”的水泥路在打边河前戛然而止，地处“半岛”的狮子寨与外面的精彩世界只剩“一桥之遥”。汛期的河水漫过田埂，泛滥成一片汪洋，打边河成为横亘在孩子们上学路上的“猛兽”。韦成刚——贵州电网安顺紫云供电局松山供电所营业班的一名抄表员、曾经的致富能手，因丧妻返贫，却耗尽家财坚持为乡亲们修桥。

⊙绕不开的打边河

因背靠狮子山而得名的狮子寨位于紫云县松山镇同心村，名不见经传的打边河绕寨而过，数公里外的下游便是远近闻名的格凸河国家级风景区。背

山望水的狮子寨成为一处“半岛”，长期的交通不便让寨子逐渐“枯萎”，放眼望去，随处可见未经修葺和打理的老屋。

每年 5 月至 10 月，河水暴涨。据当地村民介绍，打边河水位最高可超 4 米，宽近 20 米。生来熟识水性的村民也不敢贸然凫水，最严重时河两岸的人们一周不能往来。数公里外的小牛场小学在河对面，趟过打边河是孩子们的“必修课”。“去年 5 月，河水涨到齐腰深，七八个孩子准备过河，太危险了。”同心村村委会主任、45 岁的杨胜方住在对岸的新院寨，他回忆说：“当时连大人都不敢下水。”最后杨胜方叫来小组组长，挨个背孩子过河。后来，遇到汛期，学校索性让对岸的孩子放假。

“这是大好事，大好事。”正午时分，一位 40 岁出头的庄稼汉牵着水牛下河饮水，提到修桥，这位稍显木讷的庄稼汉仍兴奋不已，“对孩子们来说是好事，对后代是好事。”“想是想，但就像做梦一样。”杨胜方说，对桥的渴望和韦成刚的修桥之举，在当地村民看来一样异想天开。

⊙ “修桥就是报恩”

“乡亲们在冰冷的河水中多趟一次，我的心就多疼一天。”韦成刚说，“修桥就是报恩。”1973 年，韦成刚出生在狮子寨一个普通的苗族家庭。因父母身体残疾，家里 4 亩地基本撂荒，家境一贫如洗。到了上学年龄，韦成刚还成天在山坡上放牛，当时的同心村生产队队长帮他垫钱交了学费，劝他说：“娃，你该读书去。”韦成刚和弟弟成了吃百家饭的孩子，从小到大得到不少乡亲的救济。“当年农忙时，寨子上下帮我家耕种，忙了一整天后又各自回家。”韦成刚还记得，小学班主任杨兴益很是疼惜他，在学习上给他开小灶，还承担了他的学费和书本费。尽管如此，饥饿仍旧如影随形。“上初中后，每天清早煮一锅苞谷稀饭，吃一碗后，走大半个小时去牛场上学，放学又是一碗苞谷稀饭，整天都饥肠辘辘。”

挨到高考，韦成刚寻思，三餐都不能温饱，更别提大学生活费，他决心弃学回家务农，让父母和幼弟吃上饱饭。随即，韦成刚到县里买了农业科技书籍，试着种上杂交水稻，结果当年秋收 3000 多斤，不仅解决了全家人一年的口粮，还有富余。之后，他又开始稻田养鱼、养猪，种蔬菜、西瓜、早熟糯玉米。再后来，他如愿和心爱的姑娘班由季成亲了，他的养猪事业也越做越大，两米高的猪圈将房屋包围了一圈，最多时 100 多头猪在栏。几年光景，韦家的日子逐渐有了起色，年收入最高时超过 10 万元，韦成刚一跃成为同心村的“首富”、远近有名的致富能手。

⊙“再不修恐怕没机会了”

“就像失去了一个臂膀。”2009 年 5 月，韦成刚的爱人因病去世，他的人生跌入低谷。多年治病耗尽了家中的积蓄，如今还要独自供养两个女儿上学，曾经的富足之家陷入困境。连年冰灾和波动的猪肉市场，让同心村的养殖户遭受了灭顶之灾。村里兴起了“打工潮”，曾经热血的年轻人成了候鸟，飞往广东、浙江，修桥的事被渐渐遗忘了。

一次偶然的机会，韦成刚应聘成为紫云供电局松山供电所的一名抄表工，生活迎来转机。时移事迁，韦成刚又开始穿梭在打边河边，与以往不同的是他

穿上了那身醒目的蓝色工装。他要负责沿途 8 个行政村低压线路、配电变压器的运行维护，以及 1300 多家农户的抄表收费和用电故障处理。

上年正月十八，时值枯水期，农历中的好日子。韦成刚叫来一台挖掘机，在打边河动土开工。消息不胫而走，村子老老少少 50 多人站满了田埂。机器在河中央挖出数米深的大坑，随后几天，高出水面 4 米、直径 1 米多的桥墩初显。又过几日，桥面以下工程基本完工。眼看大功告成，可韦成刚修桥开工前凑的近 7 万元用光了，机器便停止了作业。

供电所同事们闻讯赶来帮忙，他们在附近工地找来 6 根拇指粗的废旧钢筋，嵌在桥墩上，拉直，铺上木板，形成了一座简易桥。韦成刚小心翼翼地骑车上桥反复检查，桥面虽然晃动却韧度十足。“一时半会儿是建不完了，剩下的我边攒钱边修。”他盘算了一下，至少要铺上结实干净的水泥桥面，加上护栏，打通前后道路。“我害怕以后再也没机会修桥了。”韦成刚说，毕竟女儿上大学开销不小，为父母养老送终也是责任。

上年 3 月初，一条微信在朋友圈转发开来，韦成刚的修桥善举得到了一片点赞，网友们纷纷呼吁众筹帮忙“圆梦”，来自全国各地的数百名网友进行自发捐款。当年 5 月 23 日，烟雨蒙蒙中，感动百万网友的“同心桥”正式竣工，贵州省紫云县松山镇同心村趟水上学的孩子们提前获得了儿童节的特殊礼物。

扫一扫，点亮心灯

乡土连着每个人的根，乡土牵着一颗赤子之心。一腔绵绵实实的无私，满腹生生不息的仁厚。三十载乐善好施，热忱如火线，平实如地线，他给小镇最踏实的温暖，把南网人的乡情，植根在海岛椰林深处。

此心安处是吾乡

伍昭静

澄迈县桥头镇的人，都管李克恩叫“电力济公”。李克恩，海南电网澄迈供电局桥头供电所配电班班长，近 50 岁的人，笑起来眼纹深深，目光带着亲切和天真。看到别人有难处，他总是不忍心，宁愿让自己受苦也要去帮别人，“济公”的名号越叫越响。日子虽然清贫，一家人却过出了甜味。如今，两个儿子已经在外工作、读书，小女儿是他工作之余最大的快乐。

⊙安心：要把他们照顾好

2014 年 6 月的一个晚上，47 岁的李克恩一夜未眠。他买彩票中了 20 万元大奖，为此辗转反侧，无法入睡。“怎么偏偏是我中了奖？”思来想去，他觉得这不是属于自己的钱，后半夜，他推醒了已经熟睡的妻子樊爱姑，商量起怎么把这钱分出去。

李克恩从小生活在澄迈县桥头镇博明村，这些年，村里谁家有几口人，哪家的孩子在外打工，哪家的老人身体不好，哪家的日子过得艰难，他一清二楚。李克恩还是孩子的时候，村里进出的都是扛着锄头的田间壮汉，一眨眼，鸡犬争鸣之声仍在，人却越来越少。在外的年轻人逢年过节才回来个把趟，村里大部分是留守的老人。李克恩心里很不是滋味，他总想把这些老人都照顾得好一点才安心。

发红包那天，住在村头的困难户老李说：“有多少人会把自家中奖的钱分出去？何况‘济公’家里还欠着外债。”李克恩心里清楚，中奖的钱能还完债就谢天谢地了，他不贪，这不是劳动赚来的钱，于心不安的事，他做不来。李克恩从小就这样，看着人家为难，他心里也难受，非要做些什么。

李克恩单薄的身板很早就撑起经济拮据的家，因为不想父亲为难，他主动辍学去山里打石头，给两位哥哥挣学杂费。后来家里情况稍微好转，他又重新考上了电力学校，毕业后进电管站工作，从此开始了他的电力人生，那一年他刚好 22 岁。

⊙放心：我一定会过来

此后近 30 年，李克恩很少出过桥头镇。他巡线抄表、上杆抢修、登门维修，分内分外的事，一样不落。在他看来，选择了这个职业，他的一切习惯，包括衣食住行，都要适应这个选择。因为怕用户给他递烟，他把烟戒了；因为怕影响上杆速度，他一直控制体重，快 50 岁的人，身体如少年般清瘦；因为怕用户等着心急，他从不出远门，没参加过一次孩子的家长会。有一次，他下了决心到金江镇参加同学会，结果走到半路，实在放心不下，又折了回来。每天，他给自己定的下班时间是晚上 8 点半至 9 点，等用电晚高峰过去，他才踏实地回家。他甚至养成了站着吃饭的习惯，只为用户一来电，就能立即出发。坐着吃饭和站着吃饭，能有多大区别呢？他觉得，站着能保持一种冲出门的状态。

李克恩长年累月地穿着工作服，只有大年初一除外，但即便这一天，村民也会找上门来。每年李克恩都能穿坏好几套工作服，衣服被洗磨得破烂不堪——是那种真的被虫蛀了似的指头般粗的窟窿，还有被汗渍浸得发黄的印迹。他的衣服没有一件扣子是全的，袖口也都脱线了。但这些旧衣服，每件都被妻子洗得干干净净，一摞一摞地叠在柜子里。妻子樊爱姑说这些破了的衣服他一件都不舍得丢，在雨天抢修或者巡线过河时换着穿。

工作的事常让李克恩挂心，即便其他班组抢修，他没事也会站在一边做安全监督。他总是再三嘱咐年轻人注意安全。“他们没经验啊，不知道雨天带着绝缘手套干活会松动，其实用根绳子绑住袖口就好。”他也担心以后，“现

中国南方电网

在能爬电杆干活的人越来越少了，以后电线杆子谁来爬呢？”为了少些担心，他更愿意亲自上阵，一年下来，他能骑着老旧的摩托车在面积 70 余平方公里的桥头镇穿行 18 万多公里。李克恩说：“只把工作当成养家糊口的工具，那怎么能干得好？我想让大家都能多为用户做些什么。”

村里的人都把李克恩当成自家人。白天他出去忙了，村里人有什么需要就会先跟他的妻子樊爱姑打声招呼，“‘济公’回来的话，让他来我家一下”，他们知道，李克恩一定会过来。“有时候半夜睡着，他一听到谁需要帮忙，一下就从被窝里爬起来。他问我，你自己家有电而别人家没电，你受得了吗？”樊爱姑说。朝夕反复的操劳，却让李克恩觉得充实，他乐在其中，并不觉得苦。他对用户的尽心尽力，用户都记在心里。每年都是他第一个完成电费回收任务——用户宁愿借钱，都要先垫上电费；遇上廊道清理、征地赔偿，只要他和农户沟通，大家都会买他的面子。

⊙亏欠：退休后与亲人相伴

妻子樊爱姑嫁过来的这些年，堂前老人、膝下儿女，全靠她一人照顾。

她干活也不歇气，从起早做到擦黑，是家里的顶梁柱。家里的八九亩甘蔗地和稻谷地，全是她一个人忙活，还要养猪、牛、鸡、鸭，酿酒，卖菜，在外打零工。樊爱姑有时也觉得委屈，想让丈夫多帮帮她，李克恩却对她说：“人家有难处，我放不下呀。”善良的樊爱姑也设身处地为丈夫考虑：“你帮惯了别人，忽然抽身不干了，人家会失望的。”

李克恩的家很是清贫。家里没一件完整家具，没一件时兴电器，除了一个泛黄的电饭煲，只有一台破旧的电视机，还有两盏亮堂的艺术灯突兀地悬挂在屋中央。他说那是一次给村里捐款，后来人家当作功德灯送的。日子拮据，樊爱姑舍不得花钱，一日三餐几乎都是粗茶淡饭。李克恩心疼她和老父亲，有时下班会从镇上买些吃的回家，每次都故意把价格往便宜里说，让他们吃得安心。李克恩爱这个家，他的心愿是等退休以后，守在家里，多做家务，与亲人做伴。

扫一扫，点亮心灯

危难突至，恬静如昨。死生契阔，与子成说。四年的困厄，半世的沧桑。坚贞二字的背后，是工作作风一丝不苟，是优良家风朴素芬芳，风骨虽柔，柔中有刚。

死生契阔，爱的唤醒

洪佩娜　代　进　向　宇　杨　彬

古语云："执子之手，与子偕老。"在大灾大难面前，有多少人能坚守当初的誓言？中华五千年的传统美德，倡导孝老爱亲、忠厚传家。在实际生活中，有多少人能做到？许素芬就是其中的一个。在丈夫出车祸之后，她不离不弃，一边照顾 80 多岁的婆婆和年幼的女儿，一边帮助丈夫从半边瘫痪到实现生活自理，创造了"生命奇迹"。

⊙爱和信念，唤醒因车祸昏迷的丈夫

圆圆的脸庞，中等的个子，普普通通的装扮，往人群里一站，很难被人辨认出来。今年 39 岁的许素芬，是海南电网公司儋州供电局变电管理所三都集控中心的值班员。她原本有一个温馨的家庭，丈夫吴永雄在基层乡镇机关工作，女儿在上小学，然而 2012 年的一场车祸，让她的幸福生活戛然而止。

那年 10 月 2 日国庆假期，正在变电站值班的许素芬突然接到电话通知——丈夫骑电动车与摩托车相撞，伤势严重，正在送往医院抢救。急忙赶到医院的许素芬，看到昏迷不醒的丈夫头部血肉模糊。医生告知她，车祸导致丈夫的颅脑骨碎裂，需要动大手术，不知道还能否醒过来，"家属要做好后事准备"。那一瞬间，许素芬只觉得天要塌下来了，和赶到医院的姑姑姐姐们抱头痛哭起来。

"我不相信他会这样丢下我们。"稍微清醒下来之后，许素芬坚信，丈夫不会这样走的，他会醒过来，会回到她和女儿身边。当时，家里的婆婆已经

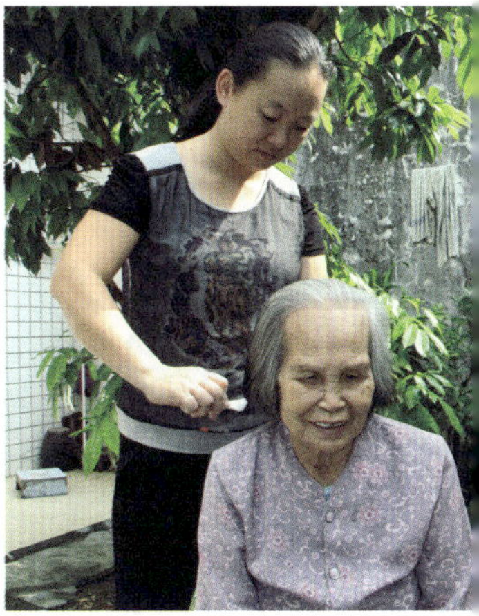

80 岁，年幼的女儿刚上小学二年级。容不得她继续悲伤下去，手术需要她签字，家庭的重担需要她挑起来。为了救治丈夫，许素芬四处筹钱；为了不让婆婆担心，她瞒住婆婆，强忍泪水把悲苦咽下去，不在婆婆面前表露。

因颅骨破碎、失血过多，吴永雄的手术从中午一直持续到晚上 10 点多。颅骨碎片终于被取了出来，但因为脑组织严重受损，吴永雄一直处于昏迷状态。第一天、第二天、第三天……吴永雄的昏迷状态一直持续了半个多月。许素芬柔弱的身子，奔走在变电站、医院、家里“三点一线”上。

“永雄，你还记得吗？我们第一次认识，是在 1998 年……”“永雄，你还记得我们 6 年的恋爱长跑吗？”陪在丈夫床前，许素芬尝试通过回忆以前的美好时光，来唤醒丈夫的意识。或许是感受到了爱的呼唤，第 20 天的早上，在妻子的呼唤声中，吴永雄慢慢睁开了眼睛。生死考验间，许素芬的呼唤感动了命运之神，她用爱和执念，在鬼门关口凿出了微茫，让希望之光照进危在旦夕的生命里。

⊙真爱擎天，瘫痪的丈夫重新站起来

虽然苏醒了，但因头部组织严重受损，吴永雄失去了大部分记忆，并处于半瘫痪状态，而且不能说话。但对许素芬来说，能够苏醒，就有希望。2013 年 1 月 14 日，吴永雄进行了第二次手术，而后转至海口的一家医院，每天接受 2 小时高压氧特殊治疗。“当别人热热闹闹过春节时，我在清冷的病房里。”2013 年的春节，许素芬是在医院里度过的，每天给丈夫擦脸、翻身……“他只能喝米糊，连米粒都咽不下。”为此，许素芬每次都把粥磨得很细，慢慢喂他喝。特殊治疗结束之后，她陪着丈夫转回儋州，开始漫长的恢复治疗。

轮到许素芬值班的日子，她要赶一个小时车程回站里上班；不用轮班的日子，她仍然要起早摸黑，照顾 80 多岁的婆婆。她就像一个陀螺似的连轴转，“那会儿一天能睡上四五个小时都很奢侈”。经历过大灾大难的人，把一切都看得淡然。现在的许素芬谈起当时的情况时，并没有表现出太多的悲伤，好像在诉说平常的家庭琐事。

“来，我给你当拐杖，朝前走几步！”在许素芬的坚持和鼓励下，吴永雄的锻炼从没有中断过。4 年下来，吴永雄的身体出现了可喜的变化，不仅能慢慢站起来走动，记忆也逐渐恢复。“这几年她不容易，她是一个好媳妇，好！好！好！”说起儿媳妇，许素芬年迈的婆婆边抹眼泪边用儋州话说。许素芬的女儿小秋润也很懂事，说：“妈妈好辛苦，我希望自己快快长大，帮她分担一些。”“有一次我回到家，看到吴永雄在努力地杀一只鸡，准备给我们做饭。”那一瞬间，许素芬觉得很欣慰，“他现在能走、能动、能自理，已经是最好的结果。”

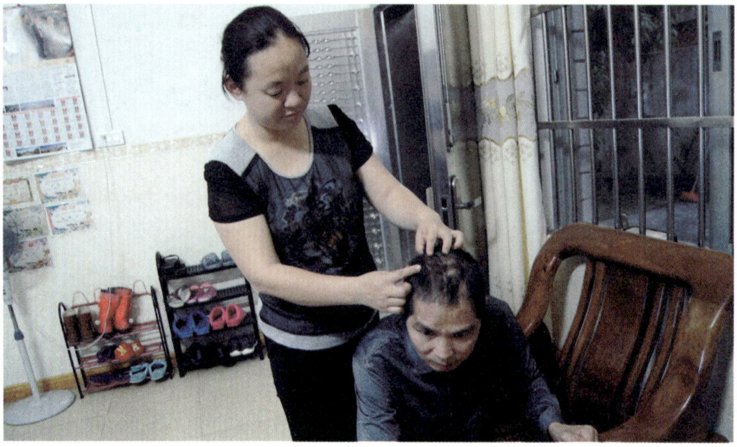

⊙意外荣誉，进京见到了总书记

2016 年 12 月 9 日，许素芬突然接到电话，通知她到北京去开会。“我当时都不敢相信，以为是骗子。”此前，她只知道自己被推荐参加了一些评选。“也没想过会得到这么大的荣誉，那些都是我应该做的。”

当天晚上，许素芬和同事们吃饭时说起这件事，站长一听，立刻热心地给儋州供电局工会打电话询问，结果大家都不知道这件事，这让许素芬的心更不踏实了。后来，她找出之前接到的电话号码拨回去，向对方提出想要看看文件通知的要求后，才知道电话是海南省妇联打过来的。

收到海南省妇联传过来的文件之后，儋州供电局的同事才知道许素芬家庭被评上了“全国文明家庭”，整个海南省只有 5 户家庭被评选上，而这也是全国唯一一个电力员工家庭。

许素芬幸运地与其他“全国文明家庭”代表进京参加了表彰大会。会后，习近平总书记亲切接见了会议代表并与大家合影留念。这对许素芬来说，是莫大的鼓舞和安慰。

扫一扫，点亮心灯

这里是天堂、是美景，也是孤独、是苦行。碧海潮生，每一场台风，都是生与死的大搏击；孤岛忠魂，每一次升旗，都是家与国的大感动。朝阳起，红旗扬：我们在，光明在！南网在，祖国在！

南海国魂

关　飞　代　进

三沙市是我国最南端的城市，海南电网公司三沙供电局的守岛团队，以对祖国的忠诚，驻守在烈日与暴雨下的三沙海岛，在祖国南疆，用最真诚的供电服务，保障电力供应。三沙供电局成立 4 年来，永兴岛供电量翻番增长，这些海岛上的南网人，不仅点亮了南海岛礁，也点亮了他们自己的心——那颗为国为民的赤诚忠心。在这个神秘的小岛上，他们结下了地久天长的情谊。

⊙住顶楼练真功夫

仅仅有好奇心和憧憬是不够的，想去三沙，还必须有真功夫。三沙供电局客服中心的李文海，就曾为了来三沙而苦练功夫。他当时还在文昌，在征得了家人的同意后，他去租了一个房子，重点在于，他租房时告诉人家，一定要是农民自建房，一定要是楼顶的。

“我在那里住了整整半年。”李文海回想起当时晒了一天、已经被“烤熟了”的房间，摸哪儿哪儿烫手，那滋味别提多难受，但他告诉自己，这些磨炼和准备都不会白费。

这是李文海做的最坏打算——三沙比海南岛还要南，距离赤道更近，天气更热，万一岛上条件差，没空调呢？就算有空调，总不能整天躲在空调房里吧？肯定得出来在太阳下工作。

这就是李文海租房子做了半年“苦行僧”的原因，他要给自己的身体和心理做好双重准备。很多事情，只靠好奇心和向往是不够的，也是撑不下去

的，还要有充足的身心准备和踏踏实实的付出。

⊙两个月没有食物补给

三沙供电局副局长叶世锋是第一批上岛的人，他对“吃”的记忆是最深刻的。如今，得益于供电服务延伸，永兴岛上唯一一条商业街——北京路旁，开起了咖啡厅、冷饮店、超市、烧烤店等各式店铺，让这个面积不大的小岛，有了几分都市生活的气息。但为了节约资源，大部分驻岛单位仍旧集中在政府统一食堂解决一日三餐。

在三沙设市初期，岛上人口较少，仅有一个超市，晚上 9 点多就已打烊，去晚一步，就买不到自己想要的方便面了。那一碗面，在岛上成了稀缺。因为永兴岛全部物资都靠往返船只运送，而船期又受台风、洋流、潮汐等影响，并不十分固定。

“最惨就是刮台风。”叶世锋说，因为永兴岛位于一个“台风走廊”上，几乎每一个刮向海南岛或大陆的台风都会经过永兴岛，有时候一个台风刚走，下一个又来，最多时连着来了 4 个台风，将近两个月都没有船来到岛上。超市里的各种食物早已被抢购一空，连食堂里的食材储备也一点点吃完了。“上次船来时带来的鸡鸭，圈养在栅栏里，结果，鸡鸭数量一天一天减少，最后栅栏里什么都没了，都吃光了。”

也正是那一次，叶世锋他们总结出一个经验：如果哪一天，岛上的政府食堂开始煮木瓜给大家充饥，就说明运来的食材已经全部吃完了，因为木瓜是岛上产的。这就是三沙，你享受它的美，感受它的神秘，也要经受它的考验。

⊙肝胆相照才是一家人

叶世锋作为岛上的值班负责人，也是年纪较大的长辈，他还有一个任务，就是要照顾每一位驻岛员工的情绪。“员工驻岛久了，或多或少会有情绪上的波动，要注意体察他们，及时给他们轮换的机会，免得影响工作。”三沙供电局局长潘轶峰说，这也是三沙供电局在工作上不同于其他地区的特别之处。

岛上很容易交朋友，毕竟人就那么多，一个食堂吃饭，低头不见抬头见，上岛几天就熟了。但在日落下班之后的漫漫长夜里，驻岛员工还要学会如何面对自己。除了和家人聊微信、和爱人发视频、和朋友发语音外，他们还学会了各种打发时间的方式，有人吉他弹得好，有人球打得好，有人摄影很好，有人钓鱼很厉害，有人甚至学会了如何在夜晚时观察星座。

驻地不是永久的，经常会搬家，唯有一起驻岛的人，是难忘的。2017 年 7 月，驻岛员工刘获再次上岛，这是他病愈之后首次上岛，他坐船漂在南海上

时，心中有种莫名的感动。几个月前的一天晚上，他感觉腹部剧痛，岛上大夫初步诊断可能是急性阑尾炎发作，但岛上不具备手术条件，他需要回海南做手术。阑尾炎是急症，如果等几天后才来的船，刘获可能会有生命危险。

怎么办？局长潘轶峰当机立断，不惜一切代价，一定要送刘获回海南做手术，员工的生命是最重要的。当晚，看到刘获疼痛难忍，所有的驻岛员工也都没睡觉，全都陪着他。潘轶峰急了："你们都陪着也没法给他治病，快去睡，明天还要工作！"大家都不情愿地回到自己的房间睡觉，但谁也没睡着，一大早又跑来看刘获的情况。

"那一刻，说实话，我真的挺感动的。"潘轶峰说，"我能感受到，大家真的像是一家人一样，家里人病了，都很牵挂。如果问我们局成立几年来最宝贵的精神财富是什么，那就是这种家人般的真情和友谊。这是三沙的经历赋予我们的。"

幸好，有部队的军用直升机要从永兴岛回海南，潘轶峰尽一切努力进行联系，让刘获搭乘直升机到达三亚，海口本部的三沙供电局立即联系医院安排刘获在三亚进行手术。最终，刘获手术顺利，康复后再次上岛工作。

几年来，三沙守岛团队一起穿越南海，一起登船驻岛，一起在烈日和台风暴雨下工作，共同锻造出团队精神和深厚友谊。三沙点灯，他们真诚的供电服务不仅点亮了南海岛礁，也点亮了他们自己的心——那颗为国为民的赤诚忠心。

扫一扫，点亮心灯

从迈出的第一步开始，他已准备了足够的汗水。他将工作场所视作创新创造阵地。他爱琢磨、爱创作，但这些他觉得都是应该的，如果非说有什么不一样的话，那就是他坚持的信念——一个人可以平凡，但不要平庸。

苦吗？我很享受！

王媛媛　　李　斌　　汪思齐　　黄美菁

初见刘苗查，让人“眼前一黑”。长年的户外工作，给了他黝黑的肤色。在超高压公司天生桥局担任输电班班长的他，钻了十多年大山，这还是第一次到广州。当被问到如何看待这一步步走来的艰辛时，刘苗查纯朴地笑笑，有些拘束，语调却很平稳地说：“苦吗？我很享受啊。”刘苗查自认与大多数人一样，在平凡的岗位上，做着普普通通的工作。

⊙走上国际专业论坛的基层线路工人

2010 年，第四届中国国际供电会议上，刘苗查宣读了自己的论文《浅析电网山火跳闸与预防》，以一名一线线路工人的身份二闯国际专业权威论坛。国内外专家翘指称赞：“这小伙子了不起！”

这并不是刘苗查在这种舞台上的第一次亮相。

2006 年，第二届中国国际供电会议上，刘苗查就凭借自己的论文《关于紧凑型输电线路耐张塔相 - 相电气距离的思考》，成为该届入选者中唯一一个只有中专学历的论文作者。“那是我生平第一次写专业论文。”

2005 年，在验收国内第一条高海拔紧凑型线路罗百 I 回时，刘苗查对耐张塔的外角跳线与另一相导线的均压环形成的相间距离产生了疑问。“我爬上塔时就发现两条线怎么隔得这么近，虽然这项目不在表单验收范围内，但我还是觉得有问题。当时测量了一下，两线间隔仅有 3.8 米。”他把自己的疑虑说出来，同事听了却笑着说：“你别瞎操心了，这是专家设计出来的，怎么会

有问题。”

真是自己多虑了吗？刘苗查到底不放心，下到半山腰后又重新返回原地测量，并把准确数值向上级报告。武高所的试验最终证明了他的疑虑是对的。因为没有考虑到地形落差较大，而且这是全国高原山区第一条紧凑型输电线路，设计和施工环节都忽略了跳线会自然下垂，导致出现了这一工程缺陷。而刘苗查的发现，使问题得以及时处理，工程顺利投运。

“类似的问题可能会在以后的工作中再次出现，当时我就想要就此写篇论文。”刘苗查主意一定，立刻开始收集数据、查阅资料，一头扎进了课题研究里。“那时候很多东西都不懂。我以前也写过东西，不过都是些散文，跟写论文完全不是一回事。我花了很多时间去弄明白论文的格式和语言，边看边学，一点一点地修改，折腾了一年多，才把论文写完。”刘苗查笑着回忆，“人家曹雪芹写个《红楼梦》，十年辛苦不寻常。我水平差远了，一个论文却也写了一年。”

刘苗查要写论文，这在同事们眼里绝对是个新鲜事。有人赞许，有人表示不理解，嘲讽的声音也不少：“一个线路工人，还敢质疑专家的权威？”“干好手头的分内工作就行了，瞎折腾啥啊！”面对这些质疑，刘苗查都不予理会，也没时间理会。那段时间他不是在写论文，就是在去写论文的路上。

“我写这篇文章，只是想把这事想透、想明白，没计划过要在这么权威的地方发表。对了，能对工作有所帮助；错了，也可以学到不少东西。有一天，我正好看到国际供电会议发的论文征集信息，就试着投稿，也是想验证一下自己的想法对不对。”因为观点鲜明，他的论文入选了。“我英文不好，翻译两段摘要又用了近 3 个月。”当煎熬了一年多的成果终于得到国内外专家的专业肯定，刘苗查备受鼓舞。

⊙任何工作，马虎就简单，认真就难

1999 年，刘苗查从贵州电力学校毕业，进入天生桥局线路班工作。“有人说，线路维护工作技术含量不高。我想说，任何工作，马虎就简单，认真就难。”秉持着这样的工作态度，刘苗查自工作以来共发现并消除隐患 400 多条，被同事们称为“火眼金睛”。

超高压公司管辖着一个交直流并行的现代电网，为了在平凡的岗位上实现价值，刘苗查不断自我增值。“我现在在念本科。”中专毕业后，刘苗查一直参加自学考试。输电线路工作并不轻松，休息时间本就不多，而他还要利用空隙抓紧学习。无论是专业论文创作或是自学课程，这些努力与他的薪酬和岗级都没有直接挂钩。

刘苗查的很多亲人朋友对此表示想不通：“你到底图个啥？”刘苗查笑着

说：“老有人那么问我。当然，我是可以什么都不想地过一辈子，那样会很轻松，只是这样就一定幸福吗？我宁可辛苦一点，也想将创新创造力发挥到极致。”

⊙一个技术工人的浪漫情怀

“今夜的春雷没有泪水，因为已涌流在深深的夜底，涌流在夜底的枕席里……”很难想象，这样多情的文字出自总被人用“粗线条”来形容的线路工刘苗查身上。

“我喜欢写东西，文字是我跟外界沟通的另一种方式。”学生时代，刘苗查就在学校校报上发表了处女作——散文《雏鹰出谷》，从此与文字结缘。文章写的是一个农村女孩，把走出大山念书的机会让给弟弟，自己却早早嫁了人。“很多同学看着看着就哭了，当时我就感受到了文字的力量。”细腻的情感使他爱上了文学创作。

工作以后，刘苗查撰写的《送电之路光明之旅》《爸爸，儿子完成在你病床前的承诺》等多篇文章，获得了公司内外征文比赛的各种奖项。这种浪漫情怀，除了抒发他对工作和生活的朴素热爱，也是宣泄寂寞和辛酸的渠道。长年在深山里工作，晚间雨暴风骤，山谷里闷雷咆哮，这样的夜晚，刘苗查只有写点东西，才能平静下来。

刘苗查这样用文字述说自己的信念：

努力奋斗——“从迈出的第一步，我已准备了足够的汗水。”

激情工作——“看见铁塔，我看到了巨人；爬上铁塔，我也就成了巨人。”

乐观生活——“人生风雨路，苦难伴彩虹。”

技术工人刘苗查的诗意，用来生活。

扫一扫，点亮心灯

中秋节，他们在施工船上；端午节，他们在施工船上；国庆节，他们仍然在施工船上。无论是八九级的大风，还是二三米的大浪，他们都坚守在岗位上。他们是海底的一支行动迅速、能打硬仗的别动队。

海底别动队

毛春初　李　刚

海南省澄迈县桥头镇林诗村唯一通往外面的马路年久失修，驰过路面的是一辆辆斑驳的农村客运班车。细杆的树木挺立在道路两旁，密得就像刚插的秧。路两旁的绿色屏障偶尔会被一大片褐红的土地隔断，那是 2017 年 10 月“纳沙”台风登陆留下的印迹：香蕉树被大片折断，一些腐败的叶子还在诉说着台风扫过的悲伤。

⊙每人抱个桶呕吐不已

林诗村有一块最靠海的坡地，那是广东—海南联网工程上岸的“第一现场”——500 千伏林诗岛海缆终端站。推开后门，汹涌的浪潮直入眼底。“海底电缆就是从这里上岸的。”超高压公司广州局海口分局海缆班班员何才豪指着从大海延伸到终端站的那一排水泥台阶说，三相电缆就埋在这些台阶底下。

海缆班一共 9 人，清一色的“80 后”。由于海口分局成立的时间不长，这些年轻人很快挑起了大梁。“呕吐是必修课，每个人都发了一个桶。一般的海浪早就习惯了，如果海浪有三四米那还得吐。”海缆班班员高东明说，“吃饱了会呕吐，不吃饱更加难受；船开动时呕吐，停下来更加作呕。那种柴油味钻进鼻子里就像催化剂一样，让人的消化系统感到有东西憋不住。”

面对大海并不总是春暖花开，尤其在晚上。当一个人在黑漆漆的海边时，一阵阵孤独悄然袭来，耳边除了大海的声音就是风穿过椰林的声音。有班员说：“三天没人说话，真的会莫名害怕。”

⊙凌晨两点，强行“跳帮”

2017 年 10 月 11 日凌晨 2 时 45 分，海缆运维部海缆应急报警电话铃声骤然响起——海缆保护区 AIS 监视系统发现船只在海缆 A 相西侧 962 米、距广东侧约 8000 米处抛锚！

险情就是命令。在南岭终端站 24 小时应急值班的胡哲和高东明接到险情通知后，立即携带早已准备好的应急物资火速赶往码头，起航冲进夜幕中。

夜黑、风大、浪急、能见度不足 50 米……应急船只在波涛中剧烈起伏，冲破一个又一个迎面扑来的海浪，溅起的海水湿透了应急人员的工作服。4 时 30 分，应急人员在漆黑的海面，按手持 GPS 指示，发现了抛锚船只——一艘名为“粤雷州 11351”的船只，在风浪中剧烈起伏摇晃。

应急船只靠近抛锚船只时，浪涌导致两船剧烈起伏，左右大幅摆动，不断“嘭嘭”地相互撞击。应急人员沉着冷静，抓住两船起伏船舷接近这一转瞬即逝的时机，迅速“跳帮”登上了“粤雷州 11351”。

登上抛锚船只后，应急人员收集抛锚船只信息，向抛锚船船长声明附近有海底电缆，要求船只立即采取措施，以免造成海缆损坏及人身伤亡事件。5时02分，抛锚船只开始反向起锚驶离海缆保护区，驶向北部湾。

应急人员全程监督抛锚船起锚驶离海缆保护区，等待他们返回码头时，东方已微微露出鱼肚白。经过整夜的颠簸，他们回到南岭终端站，脱下被海水湿透的衣衫，沉沉睡去。

⊙连续 100 多个日夜，平均每月仅踏上陆地两次

自海南联网工程投产以来，500 千伏海底电缆保护区发生了多起过往船只抛锚事件。每一次船锚和海缆擦肩而过，都不由地让人胆战心惊。为此，他们想尽办法为“娇嫩”的海缆穿上铠甲。从海缆冲埋到铸铁套管，再到二次冲埋，直至现在的抛石保护，他们在茫茫大海中为 31 公里长的海底电缆筑

起了一道水底长城。

抛石保护是海缆的最后一道防线，要将 26 万吨“铠甲”越过百米水深准确穿在海缆身上，在波涛汹涌的大海中实现厘米级的抛石精度，谈何容易！在海南电网对海缆依赖程度与日俱增的情况下，如何缩短工程时间成了一个不容忽视的问题。为此，年轻的海缆班小伙子们 24 小时在施工船上值班监督抛石过程，保证工程预验收的速度和工程警戒的强度，并及时把握工程进度情况以寻找加快进度的方法，同时协调解决可能出现的各种问题。

除了工程技术难题，长期的海洋施工对每个人身体和心理的耐压能力都是巨大的挑战。无论是八九级的大风，还是二三米的大浪，他们都坚守在岗位上，从未因头痛、感冒、呕吐等问题轻下火线。长时间的通宵值班，使他们过上了不知白天黑夜的生活，哪怕看到一块平放的木板，都有倒下呼呼大

睡的冲动。

中秋节，他们在施工船上；端午节，他们在施工船上；国庆节，他们仍然在施工船上。虽然他们已经习惯了在施工间隙用英语同荷兰人、挪威人和马来西亚人调侃，但更希望下班后能用普通话同家人和同事说上一句话，可每每这时候却发现自己身在大海中而手机收不到信号。

⊙不畏刺骨海水，他勇敢一跃

超高压公司广州局海口分局海缆运维部海缆班，作为南方电网唯一一支“海军”，从诞生之日起，就注定与海缆运行维护工作结下不解之缘。海缆运维工作涉及众多不同专业方向的内容，这让海缆班这些学电气出身的小伙子们感到自己所掌握的知识急需补充。

有条件要上，没有条件创造条件也要上。面对 500 千伏海底电缆这一新鲜事物，为了尽早地掌握相关知识、达到岗位要求，海缆班的小伙子们每天除了完成繁重的工作任务以外，还会拼命挤出时间来学习。打开超高压公司广州局 2011 年的教育培训计划，就会发现这 74 个培训计划中，海缆班的培训计划占了 21 个。

记得2011年12月1日，海缆班进行了海上自救及气胀式救生衣实操培训。或许是老天想考验考验小伙子们，培训当天，原本阳光明媚、风和日丽的天气消失得无影无踪，海上变得阴云密布、白浪滔滔、气温骤降。

“天气变冷，现在下水很冷啊。”“浪这么大，往海水里跳也比较危险，我看还是改天吧。”大家建议本次培训的负责人、海缆班班员刘长江延期进行实操。“不改了，就今天！”刘长江摆摆手，坚定地回答道，“延期会让很多培训计划都滞后，有些恐怕都不能实施了。不就是温度降了点、海水冷了点，有什么好怕的。”

在摇晃到必须死死抓住护栏才能勉强站立的巡视船上，刘长江穿好救生衣，检查好安措是否到位后，对大家摆手说道：“我要跳水了，大家仔细观察，注意看动作要领，对救生衣膨胀时间计时。”说罢转身，面对冰冷、翻滚的海水没有丝毫畏惧，深吸一口气后纵身一跃，只见一个矫健的身影以标准的姿势钻入海水。

正当大家为刘长江捏一把汗的时候，只见他身上的救生衣“砰”的一声胀了起来，“哗哗哗”大家激动地鼓起了掌。当刘长江被拉上船的时候，才短短的十多秒，他就已经被冻得嘴唇发紫。然而，正是这十多秒，为所有海缆班班员的生命安全，打上了一个牢靠的保险。

扫一扫，点亮心灯

累时云做伴，愁时一碗酒。百里荒原，他们用双手捍卫光明；万仞山崖，他们用脚步丈量人生。逡巡绝岭上，电网人的歌声充满了自豪；踏遍无人区，苍茫的生活有了劲道。

队伍踏过无人区

谭 欢 李 品 苏 聪 孙 洋

在海拔 2000 多米的乌蒙山脉，西电东送大通道——±500 千伏牛从直流线路沿线全为高山峻岭。每年，他们都要攀爬峭壁险峰，吃干粮、住帐篷，徒步穿越方圆 30 平方公里的无人区。他们是一支朝气蓬勃、斗志昂扬的守护者，有着与同龄人不一样的青春和梦想，他们是超高压公司曲靖局盐津巡检站的巡线者。

⊙坐着火车去巡线

上午 10 点 33 分，曲靖火车站，由昆明开往成都的列车 K854 即将开出。在这里，巡线者出发前往 400 公里外的盐津县。列车一路向东经内六线绕道六盘水，再向北走出一条“之”字，比两地直线距离多走出 300 多公里。这列绿皮车，是从曲靖到盐津唯一的铁路出行方式。两地之间的高速公路已通车，但考虑到长途驾驶安全问题，这趟已开通数十年的列车线路便成为巡线者的“通勤车”。在当地，差不多每年都会看到有关 K854 因山体滑坡暂停运行的消息。一旦如此，巡线者就不得不借道四川宜宾，旅途更显漫长。

“90 后”的巡线者们，同一批进入南方电网公司，4 年光景过后，他们都已成家立业。时值深秋，输电线路抗冰前夕的检修工作繁重，每次差不多近一个月才能轮休一次。K854 发车时间迫近，叶凡漫无目的地望了望站外，而后汇入人流。两天轮休时间短暂，他唯一一次走出家门，是陪妻子去超市买些粮油，顺便带儿子在小区玩耍。这个壮实的湖北小伙子已在这里扎根。

慢悠悠的列车串联起一座座县城，车内重复上演着一幕幕生活剧。大家塞着耳机，仍能听到“家长里短”。有时小伙子们会心一笑，更多是陷入沉思。他们正在亲历的生活和工作，大多与眼前的世界格格不入。K854 就像时光隧道，让巡线者往返于两个截然不同的时空。

晚上 9 点多，列车停靠盐津县城。小城坐落在峡谷地带，此时犹如一根银线穿过。等候接车的同事迎来，汽车在县城主干道上颠簸。1 个多小时后，叶凡他们终于抵达目的地。耳畔关河水响，山腰民宅灯火星星点点，沉浸在夜幕中的巡检站面貌难辨。

⊙“无人区专责”

次日清晨，巡线队再度出发。按照工作计划，他们将前往县城边缘的无人区换班。盐津当地昼夜温差大，在出发前半个小时，大家开始热车，相互检查随身携带的器具和足以应对四季变化的衣服。泥巴路在乌蒙山脉脚下戛然而止，大伙儿跳下车，背起设备和干粮开始爬山。

刚下过雨，一路不见行人。寂静的山林烟雾缭绕，巡线者穿着长筒靴，不避泥水，一路碾过，响起“吧唧吧唧”的声音。很快，巡线者后背热气升腾，内衣差不多都湿透了。快到山腰处，隐约可见几户人家，回望时，来路已被云雾遮断。手拿镰刀的背篓老妪路过，亲切地问候：“你们是去山上看铁

塔吧？”越往上泥路越清新，已找不到来往的脚印。每隔近两个小时，巡线队就会在路边大石头上歇息一刻钟。

中午时分，将至山顶，高山草甸有牛马。巡线员杨超拎来食盐、洗洁精等日用品，这是山顶人家紧缺的东西。主人家早早迎上来，满脸笑容。身材精瘦的杨超熟练地来到柴火灶边帮忙，因为几乎每个月都会往无人区跑一趟，他被封为“无人区专责”。

一年前，当地媒体刊发黑熊在乌蒙山伤人事件时，超高压公司曲靖局便请来云南动物学家讲解如何避险。经过多年摸索，无人区巡线方案已固定下来：以护线员家为起点，第一天向左出发巡查接地极线路，共 10 基塔，夜里返回借宿；第二天向右出发，巡查 10 基塔，再度返回起点；第三天巡查剩余基塔，横穿无人区，在豆沙关镇下山返回巡检站。

进入无人区后，一般要三天三夜才能下山。夏季山下气温 30℃时，山上只有 8℃，冬季更是低至零下四五摄氏度，在山上夜宿时只能靠拾柴生火取暖。最严峻的考验是雪灾。每年降雪前夕，巡线员会备足干粮上山“蹲点”，一直等到解冻才下山。上年 1 月遇上大寒潮时，大雪封山就长达一周。

⊙盐津小家

因产井盐并设渡口而得名的盐津，被称为“滇川门户”，世界最长距离、最大容量的 ±500 千伏同塔双回直流输电工程——牛从直流正是始于此。该工程直流输电线路、牛寨侧接地极线路也在此“分道扬镳”，呈“人”字形奔

向千里之外的广州。2014 年 9 月 12 日投运的盐津巡检站，就坐落在牛从直流线路的“三岔路口”，主要承担其运行维护重任。

创业何其艰难。超高压公司曲靖局输电管理所主任王永红，从建站至今一直兼任站长。他说依山临河而建的盐津县城寸土寸金，巡检站由一家农家乐餐馆改造而来。每逢汛期，关河水涨，巡线员们不得不组织紧急撤离。在巡检站门前，至今竖立着一张警示牌：本站办公室、职工宿舍、厨房餐厅均背靠 200 多米大山，有个别岩石松动，风吹树木易倒塌，山体不稳定，存在一定安全隐患……不管白天黑夜，在听到应急铃声时，请大家立即做好安全撤离等相关工作。每年站内都会举行安全撤离演练，并为巡线员开展防震减灾知识培训。

近 3 年来，巡线者利用闲暇时间将溪水蓄积成水池，顺道带来了鱼苗；山石被改造成石凳，还配上了水泥桌；房屋重新修葺后，划分出了食堂、健身房等迷你功能区。最让人惊讶的是，在这个连电视信号都不畅通的山区巡检站，却配备了智能化工具房。一批批年轻人随 K854 次列车先后到这里接受洗礼……

夜幕再度降临，巡线者陆续从四面八方回到盐津巡检站，他们像凯旋的战士，相互拥抱寒暄。如今，巡检站内基础设施建设日趋完善，轮班驻守的 20 多位线路运检人员平均年龄只有 25 岁，他们斗志昂扬、披星戴月地继续履行着守土重责。

扫一扫，点亮心灯

他们年轻，他们活跃，他们是极客，他们是创客。他们是南网最灵敏的枝芽，快速蔓延四方，尽情汲取养分，而后倏然绽放，满园芬芳。青春代表着无数的可能，南网的未来，就在这些青春行者中。

飞火传奇

郝思远

他们是普通的"80 后"输电人，怀揣着与几代前辈相同的梦想，立志要用机器代替人工登塔。他们没有想过如何掀起技术革命，只是工作难题摆在眼前，必须想方设法解决。他们坚持了下来，并且不断获得新的成功，成就了一段职工创新的"传奇"。

⊙燎原蓄势

提起输电专业，同行大多有个印象——"大老粗"。然而，这一认识却正被一个年轻的团队和他们的成果所改变。2014 年全国电力职工技术成果一等奖（第 1 名）、2014 年南方电网优秀劳模（技术能手）工作室、2014 年南方电网公司科技进步奖二等奖、2014 年广州供电局科技进步奖特等奖——这些闪光的荣誉都属于广州供电局输电线路工作室，一个由输电管理所萧振辉、唐志刚、符菲、吴省身、吴卓腾等几名"80 后"员工组成的科技创新团队。

这个科技创新团队自主研发的巡检飞行器，可谓在当下的电力行业掀起了一阵风潮、一场革命。一时间，飞行器这把从广州供电局燃起的"火"在电网企业已成"燎原"之势。不仅如此，它的成功应用引起了国内某上市公司的注意，其主动联系输电所，愿为项目提供 100 万美元的风险投资，用于后续的研发推广。

飞行器与输电运维工作的相结合，让人们在这群年轻人身上看到了输电专业完全不同以往的、全新的可能性。"以往查找杆塔缺陷需要人工登塔，不仅耗费时间长，还很危险。”输电线路工作室负责人萧振辉自信地说，“现在有了飞行器，在地面就能通过摄像头全方位、多角度巡视铁塔，最大限度地保障了人身安全。”在他们的努力下，飞行器还实现了带电喷火清除飘挂物、空中近距离红外测温等功能，进一步延伸了飞行器平台的应用深度和广度。其中，带电喷火清除飘挂物还是全球第一次。

⊙星火燃起

“其实当初完全没想着要做个什么惊天动地的大发明，只是任务和机会摆在面前，唯有全力以赴，做到最好。”曾在架空线路运行班组轮岗实习的萧振辉对人工登塔的难度和危险性深有体会，而改变这一状况的机会就摆在了他的团队面前：研发输电线路巡检飞行器。若能成功，将是输电技术史上一次跨越式的突破，也能实现几代电网人的空中梦想。

2012 年 9 月，广州供电局输电管理所主任贺智涛把萧振辉等人叫到办公室，给他们下了“死命令”：“明年 5 月迎峰度夏前，一定要把飞行器搞出来！”和年轻时就对航模和飞行有浓厚兴趣的贺智涛不同，那时的萧振辉等年轻人对飞行器完全是门外汉，一切都要从零学起。当不少同龄人在呼朋唤友吃喝玩乐的时候，萧振辉和他的团队跑遍了广州大大小小的电子器材城，拜访了许多民间航模高手，泡各种论坛学习飞行器组装、调试的经验。渐渐地，

一个全新的飞行器的构想已在他们脑中成形。

从无到有，从新手上路一无所知到行家里手样样精通，从购买组装到自行研发，从传统的多旋翼结构到自行设计的全镂空编织结构，从一代机到二代机，记录了他们走过的轨迹；数不清的零配件，如小山高的设计图纸，几十种材料和组合，数百次试验，无数个不眠之夜，见证了他们倾注的心血。

2013 年 5 月 30 日，广州供电局输电管理所自行研发的飞行器首次“披挂上阵”，进行 220 千伏北犀乙线雷击故障特查，干净利落地完成了任务。星星之火真正燃起了，而这只是传奇的序幕。

⊙飞火传奇

一天，主任贺智涛又把团队成员叫去，布置了一个新任务：“你们要让飞行器能喷火，还得在带电环境下喷。”这不是一个普通的指令，因为在世界上还没有这样的先例，这意味着一次零的突破。经历了从零开始研发飞行器这一磨炼的萧振辉没有多说什么，接受了任务。长期的研发经验告诉这个团队的年轻人，困难虽大，但方法总比困难多。

在那段时间，小伙子们经常抱着机器驱车到郊外风餐露宿，在不同的地

理条件和气候下进行测试，身边还带着两罐灭火器。“那时整天跑野外，回家满身都是灰尘。”唐志刚回忆道。“燃料是个难点。柴油燃烧产生浓烟太多，酒精又挥发得太快，不符合我们的要求。”萧振辉说，当时他们捣鼓了一段时间，自行研制了以汽油为主体的特种燃料，并经反复试验，得出最佳配比。“仿佛现在都还能闻到那股汽油的味道。”

2014 年 6 月 16 日，受台风“海贝思”影响，500 千伏北郊站出线处的农用薄膜被吹裹到 500 千伏北增乙线 #2—#3 塔档中导线，需要紧急处理。时值迎峰度夏负荷高峰期，喷火飞行器临危受命，一战成功。飞行器喷出的火焰，如一条火龙划破天空，见证着“飞火传奇”在带电作业史上留下浓墨重彩的一笔。

“我们是接过了前辈的班。”谈起飞行器的研发历程，年轻人们如此强调，“输电所开展飞行器的相关研究，已逾十个年头。”早在 1999 年，当时输电所的负责人蚁泽沛就与当时还是普通输电工的贺智涛，提出了飞行器巡检这一设想。直到 2010 年，大疆公司推出了一款飞行器操控软件，可以在操作时对人手的抖动进行校准微调，降低了使用者的技术门槛，相应成本也大幅下降，这才使得输电所从生产经费中挤出有限的资金来进行研究。

薪尽火传，生生不息。正是几代广州供电人孜孜不倦的坚持和探索，飞行器这颗“火种”才得以点燃、保存、延续……

扫一扫，点亮心灯

国之交在于民相亲，民相亲在于心相交。交出真心，浇注汗水，九年光阴，锲而不舍。从体力到脑力，从规划建设到谈判运营，他们经受住了巨大的考验，以一颗颗赤子之心写下华章：万家灯火中，深情无止境。

南塔河使者

关 飞

过去，“丝绸之路”将世界和中国连接在一起。如今，南网国际公司老挝南塔河 1 号水电站开发建设管理团队舍小家为大家，在 21 世纪的“丝绸之路”上演绎着新的传奇。

⊙让人又爱又恨的丛林穿越

刘建对南塔河的第一印象是，没有路。2006 年，他来到这里搞水电站的选址勘探，要走到坝址附近，必须穿越原始森林。队伍最前方是荷枪实弹的老挝军人，他们会问：“子弹够不够？”老挝军人不是开玩笑，勘探队员先后在林中见过老虎、大象和熊。

进入丛林之后往往要走几天几夜，因为要带设备，没法带太多生活物资。“吃饭就吃老挝当地的糯米饭团子，抓一块糯米搓搓手，喝水就喝河水或泉水。”每天的糯米饭根本顶不住跋山涉水的长途行军，“饿肚子”就成了那时每个人最常念叨的事情。天黑了就拿出睡袋，找块空地睡觉，睡意很快赶走了恐惧。

与丛林行军相比起来，坐船的辛苦则是另一种滋味。项目经理孙鹏，是个体重将近 100 公斤的大块头，每次坐船去坝址或去移民村落，他都很难受。在仅仅一人宽的小船里顶着烈日曝晒，无遮无挡一坐就是几个小时，屁股坐麻了，就靠在船帮上，后来肩膀也麻了，就干脆躺在船里。孙鹏最怕的还是坐船时下雨：“船没有棚，又那么窄，根本没地方躲，下雨了只能硬挺着，雨

水打在脸上像刀割一样，如果下几个小时，就要被‘割上’几个小时。”

即便环境如此艰苦凶险，南塔河项目团队的成员却发现，自己渐渐地爱上了异国他乡的这片山水，他们会不自觉地在手机里保存南塔河的照片，和家人朋友讲述南塔河的故事，甚至怀念没电话信号没网络时南塔河宁静的夜晚。将艰苦抛在脑后，在异国山水中重拾信心，南网人干事创业的精神信念与决心信心，让南塔河项目部员工即便深处异国他乡的深山密林，也毫无惧色，并勇往直前。

⊙几经波折的艰难谈判

老挝在 BTO 项目合同谈判中所坚持的标准非常严格，丝毫不比国际水平低。负责与老挝政府部门沟通的汤干湘感触最深：“一份仅仅有 60 多页的股东协议，对方谈判团里的欧美顾问就一口气给我们提出了 180 多个问题，当时我们就惊呆了，因为照这个速度，恐怕几年都谈不下来。从电价协议，到股东协议，再到特许权协议，每个进程都举步维艰。”

那段时间，汤干湘说自己就好像老挝政府的员工一样，每天就去部委坐班，缠着部长秘书聊天沟通，询问项目谈判情况和审批进度，联络感情。为了尽可能地加快进度，一份文件在一个部门审批盖章完了，项目团队就会有专人盯在那里，充当文件快递员，缩短文件在政府部门间积压流转的漫长时间。执着的中国团队打动了许多老挝政府官员和朋友，他们主动伸出援手，让有些协议的审批进入快速“绿色通道”，确保了融资协议的顺利签署。

负责合同谈判的张小千那段时间就常驻在万象，整天跑老挝政府的相关部委。那时项目部没有自己的车，老挝公共交通又不发达，张小千就只能买辆二手自行车，顶着 40℃左右的高温暴晒，骑着自行车去老挝政府的各大部委沟通进度、递送文件。

⊙中老友谊的融合长青

洛湾是老挝的海归大学生，完全可以在老挝政府谋到一份非常好的工作，可是他毅然决然地加入了南塔河水电站项目团队。他的理由很简单：“想跟项目部的人一起，帮助南塔河边的老挝人。”让大家最感动的一次，是为了迎接老挝领导人视察项目工地，需要连夜翻译，洛湾熬了一个通宵。对于极少加班的老挝人来说，这简直是破天荒的，必定是项目部所有人的辛苦和热情打动了洛湾，让他用一起加班来表达对这个团队的认同和支持。

项目部的湖南小伙沈洪波，大家都觉得他是最幸福的人，因为他和一位老挝姑娘喜结良缘。婚礼那天，沈洪波的父母不在老挝，项目部的同事们就成了他的家人，大家都喝了特别多的老挝啤酒，为一对新人祝福，也为一段中老情缘开花结果而高兴。可新婚不久，沈洪波就要离开万象，回到会晒。“每天都要打两个电话，风雨不误，因为老挝人最看重家庭。”他说。

像洛湾和沈洪波一样，南塔河水电站项目部每天都在上演着中老文化融合的故事，南塔河项目团队就像是肩负着使命的中国电力使者，为老挝北部居民带来电力和光明，也续写着中老两国人民悠长又深厚的友谊。

有一次，项目部员工去南塔河边的老挝村落探访，告诉了村民新村和新生活的情况。为了表达对中国团队的谢意，村里的老人们特意为到访的“中国电力使者”拴线祈福。这是老挝古村里最传统的祈福方式，由德高望重的老人为客人在手腕处拴线。拴住他，意味着护佑他，表达了最美好的祝愿。

九年光阴，锲而不舍，斗转星移，痴心不改。南网人的一小步，背后也是中国的一大步。

扫一扫，点亮心灯

汗水有多咸，笑容就有多甜。坚实迈开走出去的第一步，倏忽十载，续写华章。他们打造的不仅仅是物理意义上的工程，更是以邻为伴、亲诚惠容的桥梁。追梦一带一路，筑梦异国他乡。

追梦无涯

关　飞

HAN BOT VĨNH TÂN 1
期 BOT 项目
方电网
N POWER GRID
际有限公司
rnational Holding Ltd.
LỰC TKV - CTCP
NG CORPORATION

VinhTan，中文叫作永新，位于越南南部平顺省的海边。10 年以前，这里是一片海边的荒地，稀稀疏疏地有那么几棵腰果树。

⊙国际化文本的背后

曾任南网国际公司董事长的曲曙回忆说："本来是想在越南北部投资建电厂，离中国近，还可以回送，但越南政府表示南部更缺电，欢迎我们去南部。"就这样，王兵（曾任南网国际公司董事长）等火电规划设计专家，去越南南部胡志明市周边的 7 个候选点，跑了一个月。

2006 年，黄济忠还是云南文山县城里的一名农电工，因为懂越南语，被调来参与永新项目。当时的交通状况不好，他们几乎每天都要在车上坐将近 10 个小时，带着干粮和水，在烈日和暴雨下赶路，晚上就在当地小镇留宿。最终，在风餐露宿的辛苦中选中了永新这块厂址。

选址定了，接下来的问题更为棘手，那就是谈判。南网国际公司总经理杨华曾经也是项目谈判的亲历者，他对谈判过程记忆犹新："我们当时的原则只有一个，就是确保万无一失。"许多听起来并不复杂的问题，都要耗费谈判团队大量的精力。"比如说，永新一期电厂的煤炭是越南北方的煤，需要海运到永新，海运的安全性怎么保障？出现问题谁来赔偿？每一个细节我们都要想到，以确保合同细则没有漏洞、万无一失。"

最终，经过漫长辛苦的谈判，2013 年 11 月，中越双方终于签署了 BOT

合同、政府担保协议等一系列合同文件。这预示着谈判阶段告一段落，而此时距离开始酝酿计划的 2006 年，已过去了 7 个春秋。“永新最终的 BOT 合同文本，是非常国际化的、逻辑严密的合同文本，也是我们精心打磨的心血结晶。”王兵说。杨华也深有感触：“它是南方电网海外绿地投资项目零的突破，所以必须要打造精品。这是我们永新团队的共同梦想。”

⊙异国他想的坚守

2015 年 7 月，在中越两国领导人的见证下，越南永新燃煤电厂一期 BOT 项目开工建设，标志着永新项目正式从前期开发谈判阶段进入了建设阶段。

陈联清是越南永新公司的总经理，也是工程现场的“总指挥”，他经常独自一人在工地巡视，比如在风季里要特别注意覆盖，防止大风将工地沙土吹上天，污染当地的空气环境。“我们目前是将最先进的技术和管理，通过永新项目带到越南，这就要求我们必须要打造一个中国电力人在海外的精品工程。”

陈联清做了许多年工程，可是对于海外工程，他依然觉得充满挑战。团

队成员开玩笑说，永新只有两个季节，就是风季和雨季。风大的季节，安全帽都能被吹走；雨大的季节，简直暴雨滂沱。由于长久日晒，安全帽带子遮住的脸部皮肤明显比其他部位白很多，他们说，这就是“永新纪念章”，是这个项目留给每一位参与建设者的纪念章。

亲历过谈判的南网国际公司副总经理张倓志觉得，整个谈判团队中，最不可或缺的人就是黄济忠。大家都亲切地叫她“阿忠”，如今的她，是南方电网公司驻越南河内办事处主任。“在项目谈判中，阿忠不只是做翻译，还逐渐成长为一名谈判专家，积累了丰富的谈判经验。此外，她还承担了与越南各方面沟通的重任，没有她在场，项目谈不下来。”张倓志说。

但很少有人知道，黄济忠参加永新团队的那一年，孩子刚出生不久，她甚至一边照顾孩子，一边忙工作，所以她对项目进展的年份记得特别清楚：“因为我的孩子多少岁，刚好项目就是多少年。”然而，谈判太紧张，经常进行到晚上，并没有那么多空余时间给她去尽一个母亲的职责。家人、朋友知道她很忙，都不敢打电话给她。唯独对孩子，有个特例。

黄济忠与在国内的孩子做了个约定：“你有急事打电话找妈妈，如果拒接了，那就说明我在谈判；可是，如果你真的一个人遇到了危险紧急的事情，那

就必须要找妈妈，你记得一定要再打第二个电话，我看到了，一定会接。”母子间的一个电话，是多么简单与平常的事情，但是对于异国他乡的项目谈判者来说，却显得特别紧张。

异国他乡的坚守，对于团队的每一个人来说，都意味着不同的故事。越南永新公司综合部经理许雄武，是最早一批来到永新项目的成员，几乎是项目开始近 10 年来，驻守在越南时间最长的人之一。那一年，许雄武的父亲病危，他想着一定要赶回去看看，可是总觉得还有时间。突然有一天，他接到父亲去世的消息，哭着连夜赶到越南的离境机场，却发现只有第二天早上的飞机，他苦苦地在机场坐了一夜，剩下的全是对父亲的愧疚。

永新项目为南网国际公司乃至南方电网培养了大批国际化人才，他们也与永新项目共同成长。“在永新项目之前，我们中没有任何人谈过 BOT 项目，真正是零的突破。永新项目为南网国际后来的香港青山电力等海外投资项目，提供了宝贵的国际化经验，培养了人才。”杨华说。南网国际公司董事长唐红键恳切地说：“只有当 25 年运营期顺利结束后、永新电厂移交给越南之日，才是永新项目真正的完成之时。还有许多未知的艰难与挑战，需要南网国际公司几代人的努力，去确保永新项目的顺利完成，去实现我们的梦想。”

扫一扫，点亮心灯

他善于运用小物件观测设备的水平垂直度，一眼就能判断出绝缘油在滤油机中的过滤状况，凭声音就可以分辨出焊接电流的大小……他被称为“检修活字典”，几十年来，过万次消缺检修无一次返工，故障分析无一例错判。

万能巧手

毛春初　郝思远　李　锐　臧昱言

“单单是我经手的螺丝，就可能有几十万颗。从牛腿骨般粗的螺栓，到细如笔芯的螺丝。每一颗螺栓，都有不同的作用和拧法。”

对于普通人来说，拧螺丝好像是一种简单的技术，只要使用工具拧紧便是。但是对于广州供电局变电管理二所检修试验一班班组工程师周哲来说，却需要认真琢磨螺栓的材质结构、使用位置、松紧程度、安装朝向、突出长度，把握最合适的度，才能确保设备安全。针对螺栓知识的授课，周哲说他能够讲上两个小时。

从某种意义上来讲，周哲其实就是变电一次设备检修专业的一颗“螺丝钉”，一颗扎根现场、默默奉献的普通“螺丝钉”，也是一颗不断创新、即拧即用的万能“螺丝钉”。因为他对变电检修技能的精通，身边的同事都称他为“检修作业里的活表单”。

⊙大工匠：集钳、钻、焊、磨、扎于一身

变电检修专业负责一次设备的新装、维护和检修技改工作，扮演着至关重要的角色。变电检修工除了定期给开关、变压器等设备进行体检，还要应对突发病症，或对疑难杂症进行诊治。这就需要变电检修工掌握变电一次设备涉及其他工种的大量技能。“不是只用一把刷子，而是需要很多把刷子。这个有点像我们粤菜厨师，中式的爆蒸炒，西式的焗煎炸，博众家而归一。”周哲这样形容自己的角色。

经过 42 年职业生涯的技艺打磨，周哲成为集钳、钻、焊、磨、扎过硬技能于一身的大工匠。他对设备“望闻问切”，光听声音就辨得出设备可能存在故障，借助随手的小物件就能观测设备的水平垂直，一眼就能判断出绝缘油在滤油机中的过滤状况，而且几十年来，过万次的消缺检修无一次返工，接故障报缺分析无一例错判，无须任何材料就可以随时讲解上千个不同设备种类的故障处理技能课程，几乎能将所有的一次设备结构特点和运行原理全部熟记。

人们笑称周哲为“检修作业的活表单”，他说自己得益于广州供电局检修工种的较广范围，正是因为这些有别于其他同行更多的学习和接触的机会，再加上 42 年的摸爬滚打，总能在林林总总的工作中找到诀窍、做到极致，乃至焕发新意。

各种技艺也为周哲在工作中的游刃有余带来了自信。2012 年的某天，正在休假的周哲突然接到电话，有人反映 220 千伏麒麟站出现接头发热现象，让他赶过去想想办法。周哲一赶过去，好家伙，100℃的高温。“必须降下来，但又不能停电。”他立即想起来接地线夹的工作特性，很快利用手头的材料做了一个分流夹，五六分钟后，发热点温度降到了 60℃左右，再过 10 分钟，就降到了 40℃。

这种“歪点子”在周哲的脑子里有很多，同事们都认为，他的很多发明虽不按常理出牌，但能实实在在解决问题。

⊙守护神：检修人眼中没有免检产品

周哲所任职的变电管理二所，负责管理包括广州老城区在内的117座变电站，是用电负荷最为密集的地方之一。新设备不断涌现，对现场人员的技术要求也越来越高。

“就说开关设备，我本人就经历了从最开始的多油开关、少油开关，到之后的气体开关、真空开关、组合电器GIS。虽说这些设备的原理都是相通的，但其结构、特点却是大相径庭，这就需要不停地更新提升与完善巩固自己的业务水平。”周哲说道。

“找老周！”只要有新站投运、设备检修，同事们想到的第一个人总是周哲。这么多年与设备亲密接触，让周哲用审慎的态度对待每一次设备的安装调试。他总说：“检修人眼中没有免检产品。”

110千伏梅花变电站是广州供电局首例采用气体绝缘变压器的地下站，该变压器也是首例采用环氧树脂固体浇注电容式套管的变压器。周哲与同事们在现场验收设备时，发现套管似乎存在气体渗漏现象。厂家让他们对产品放一万个心，但是周哲不信，坚持一切要以数据说话。泡沫法、包扎法、逐点检漏法……教科书共有的9种方法，他们仅用了其中2种就发现套管中间法兰填充孔的防潮螺栓塞处存在渗漏现象。最终，他们将现场的6只套管全部返厂解体重做。

“并不是吹毛求疵，而是设备关系到电网安全、后续运维，关系到辖区客户的用电。我们既然做了检修人，就要对得起这个称谓。”这就是周哲对待工作的态度。

⊙摆渡人：当工匠精神碰撞互联网思维

2013年，广州供电局成立了周哲技术专家工作室。这是广州供电局首次

以一次检修为平台的工作室，也是南网首批认证的工作室。

周哲依托工作室平台，凝聚了一批经验丰富的技术能手，以及一批高素质、高学历的青年技术骨干。工作室成立 5 年来，周哲带领骨干成员开展了 50 余个职工创新项目，其中就有 23 项获得各级别奖励，并拥有国家发明专利 1 项、软件著作权 2 项、国家实用新型专利 25 项，项目成果获得全国电力职工创新奖 1 项、全国 QC 奖励 4 项。

工匠精神源于热爱，也是执着使然。正是他们针对管理作业流程、生产工器具、现场作业管控、施工工艺、检测和试验方法等进行了改进和创新，在有效提升了生产效率的同时，也能每天乐此不疲地享受着创造带来的快乐。

变电检修工种的性质，决定了这个专业为了应付各种设备和运行工况的缺陷种类，要做到一专多能，甚至多专多能，来应对随时随地可能发生的各类故障。“这就意味着变电检修专业人才的培养，不能像传统制造业的流水作业那样，把所有人打造成一个模子。我们的团队在强调短板效应的同时，更加推崇长板理论。我经常说，只要有一个九级的做面师傅，我们就是一个九级的面点团队。”长板效应、追求极致、迭代创新，周哲的管理与培养方法暗合了当下业界用互联网思维做产品的跨界理念。这一切让根植于传统社会的工匠精神，具有了更鲜明的时代意义。

周哲说：“总有一天，我们这些变电检修‘老表单’会慢慢离去，变电检修的未来，还得看年轻人的。”

扫一扫，点亮心灯

从事继电保护工作15年，先后负责维护500千伏及以下变电站80多座，他对管辖的500千伏和220千伏变电站的二次回路非常熟悉。尽管变电站保护屏上的二次回路电缆线有成千上万根，但他看见任何一根二次线的编号，都能知晓其走向和大概用途。

护网“麒麟”

毛春初　周　薇

提起“麒麟才子”，大家马上会想到2015年大热的一部剧《琅琊榜》里的灵魂人物梅长苏。王其林，其实也是深圳供电局的一位“潜伏”在继保战线上的英雄能人。不同的是，梅长苏织的是诡谲人性之关系网，而王其林织的是错综复杂的城市电网。在变电站里的保护屏上有成千上万根二次回路电缆线，他看见任何一根二次线的编号，都能知道其走向和大概用途。

⊙最强大脑听声辨错

“百灵哥”是深圳供电局的小年轻们为王其林起的一个雅号，因为每次遇到故障问题，找他排查故障原因都能顺利解决，百试百灵。

有一次，220千伏简龙站直流负极发生接地，直流检测装置没有选出具体的接地支路，但有4条支路绝缘电阻偏低。运行人员赶紧给王其林打电话请求支援，王其林耐心听完故障描述后，建议对方打开刀闸机构箱看看是否进水了。这么简单？运行人员半信半疑地拉开刀闸机构箱，水“唰”地流了下来。随着积水排出和吹风筒烘干，接地马上恢复正常。

还有一次，500千伏深圳站5022断路器正常运行时，断路器保护重合闸却莫名其妙动作了。500千伏无小事，经过讨论，站里决定申请停电检查。这时，看了好几遍现场打印保护装置动作报告和故障录波报告后在一旁默不作声的王其林突然说：“会不会是开关结构分合闸辅助接点接触不良？”这个思路启发了现场所有人。经过检查，果然是断路器机构箱柜顶上有很多凝露，

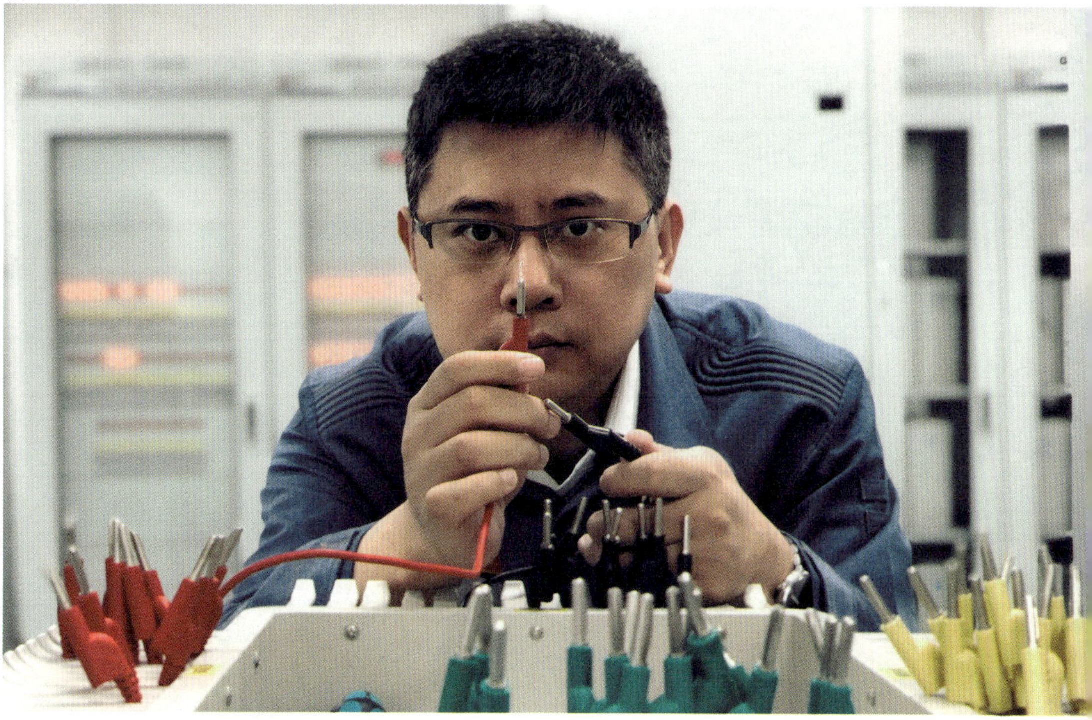

凝露滴下来，滴到开关的辅助接点上，误导通了 B 相合闸监视回路，使断路器保护收到了一个 B 相跳闸位置开入，导致保护装置重合闸误动作。找到原因后，问题迎刃而解，避免了 500 千伏开关非计划停电。

从此以后，“百灵哥”的外号就传开了。

⊙南网师道现场培训

“这所谓的绝活儿啊，都是被逼出来的！我们班算上我，一共才 14 个人。大家平时工作已经够忙的了，节假日如果动不动就打电话让小伙子们到现场加班查缺陷，真怕他们身体扛不住。所以我就想了一个办法。”王其林的办法其实非常简单，用 3 个字就可以概括——背图纸。

为了减少班员们的节假日奔波之苦，王其林花了两三年业余时间，将所管辖的 38 个变电站所有二次图纸看了至少一遍，边看边记，特别是对 500 千伏深圳站和 8 个 220 千伏变电站的二次图纸，几乎烂熟于心。所以每当运行

共产党员
王其林

人员求援时，他就像“麒麟才子”梅长苏那样胸中自有丘壑，自然指挥若定、运筹帷幄了。

当然，死背也不能解决所有的问题。王其林对变电站的熟悉，还得益于他“一直在现场”的工作原则。以 500 千伏深圳站为例，在该站综自技改时，从设计、审图到施工验收，他都一直亲力亲为，一直在现场。所以，他对麾下的变电站，自然如数家珍。“我所管辖的 38 座变电站和 4000 多套保护，哪个保护是什么型号、哪个厂家的，我一清二楚。”

其实，这也是多亏了有“老本”可以啃。2006 年，王其林开始担任副班长，管理着坪山、马坳和鲲鹏巡维中心下面的一片变电站。2010 年，他的工作范围进行了调整，开始管辖深圳、水贝和梧桐巡维中心下面的变电站。他说，虽然具体的变电站变了，但是原理不会变，他特别感谢之前打下的坚实基础。

王其林也特别感谢他的几位师父和前辈，他从师父们那里汲取到的营养，现在正加倍地传授给他的徒弟们。除了逼自己背熟图纸，逼自己一直在现场，王其林也常常逼徒弟们。以往的师徒关系是，不懂就问，一问一答。但到了王其林那里，却变了样子。

“不管你问不问我，我去问你。不仅在现场我会随时对徒弟们发问，回来后，我还会和他们聊一聊，问问他们今天出现场学会了什么，还有什么不懂的。”

王其林用心良苦，在他的“百灵哥连环追问法”下，徒弟们干还是没干、有没有用脑干一目了然。在这种严格的教学方法下，徒弟们成长得特别快，他们也特别感谢“百灵哥”。

⊙匠心平凡坚守基层

王其林家里无一人从事电力相关专业，只因喜欢北京，他在高考填志愿时选择了华北电力大学。后来在机缘巧合之下，他进入了深圳供电局，爱上了继保专业，留在了深圳这座创新之城。

也正是在这座创新之城的滋养下，王其林先后获得“广东省技术能手”“南方电网公司青年岗位技术能手”“南方电网公司调度运行操作能手”等荣誉，在历届职业技能技术大赛中先后获得优异成绩。15 年的工作实践中，他解决了许多重点和关键性技术难题，专业技术、技能水平超群，在单位首屈一指，以实际行动履行了“主动承担三大责任，全力做好电力供应”的使命。

“继保干久了，爹妈认为你不孝，总是忙；亲友觉得你不亲，少有时间来往；朋友觉得你装，喊你吃个饭还得看时间。整日早出晚归，未婚的以为你有问题，已婚的以为你有外遇。”虽然王其林有时也在微信朋友圈诙谐地“吐槽”继保专业的忙和累，但他更多时候是转发一些正能量：“这个世界上没有任何一个平台能提供‘钱多事少离家近’的待遇，暂时没有回报，只能证明付出得还不够。”

“2011 年以后，我们继保班就没有来过新员工了，那些老员工都干了快 10 年，还只是个班员。一个班也就一个班长、一个副班长岗位，所以一个个徒弟都‘飞’走了。现在，我的徒弟只剩下4个还在和我一起干着一线继保工作。”王其林说，徒弟们另谋高就，他也能够理解，有的去了南网总调，有的去了职能部门，他也挺为徒弟们的发展感到高兴。但他自己，还是更愿意在现场干活。他说：“我一两天不去变电站就会不舒服。”2006年，他放弃了转为专工的机会；2013年，他考虑再三，又放弃了去职能部门管理岗位的机会。他喜欢在“手工”劳动中创造价值，也喜欢在师徒技艺传承中体悟快乐，更喜欢看到深圳供电局不断进步、慢慢走向卓越。

执一心，成一事，忠一道。精益求精，不离不弃。这也许就是王其林心中的工匠精神。

扫一扫，点亮心灯

在100多米的高空带电更换重达750千克的整串500千伏绝缘子，这不仅需要勇气、体力，更需要娴熟精湛的技术技能，普通熟练工人更换时间约40分钟，而他仅需不到10分钟就能轻松完成，是公司最快带电更换整串绝缘子纪录的保持者。

空中有匠心

孙维锋　潘　聪　韦新洋

从一个“会计”到电力行业技能专家，并为西电东送保驾护航，超高压公司百色局输电所线路五班班长唐勇的成功没有捷径，如果有，那也只有一个：不断坚持，追求卓越。工作 17 年来，唐勇多次在省级和全国的专业技能比赛中获奖，凭借自己的绝技和勤学苦练的精神，成为超高压公司技能专家，并为超高压公司百色局输电线路带电作业做出了表率，成为青年技能员工的学习标杆。

⊙抠细节，十年练就中央企业技术能手

“我以前就中专学历而已，学的还是财经专业。”唐勇中专毕业后便进入电力系统，从事输电线路运行维护工作，虽然零基础，但他在自己的工作岗位上总是尽职尽责。

“我是农村孩子，唯一的优点就是特别能吃苦。”唐勇用火一样的热情和辛勤劳动，将自己的全部身心都融入线路的运行维护中。刚参加工作时，每次和师傅外出工作，唐勇都大包小包一个人背，那时没有系统性的培训，唐勇总是“现见现学”，看到什么不懂的就指着问：“师傅，那个是什么？”在这个过程中，唐勇的业务技能日益精湛。

“我想都不敢想自己能拿第一。”回忆起自己第一次获得技能比武第一名，唐勇如今还满怀感慨。那是 2008 年举办的广西区职工 500 千伏带电作业技能竞赛。“各个局的技术能手都参加了，我没有想这么多，只想着尽量发挥好

平时的水平就好。”结果，唐勇出色的发挥让他和他的团队获得了个人第一名和集体第一名。那是他第一次获奖，也是第一次参赛。台上一分钟台下十年功，唐勇的成功靠的是他平时大量的练习、总结、改进。“平常练习的时候，每一个动作我都仔细研究，甚至细到左手拿工具快还是右手拿工具快，都要仔细算过，一秒一秒地缩短时间。”这使他至今保持着全网最快的带电更换整串绝缘子纪录。

正是从那时开始，唐勇成为“获奖专业户”：荣获广西壮族自治区五一劳动奖章、“广西壮族自治区技术能手”称号，荣获第十届广西技能大奖、2012年南方电网公司“同心杯”为民服务创先争优500千伏超高压输电线路带电作业技能竞赛集体第一名及个人一等奖，荣获“南方电网公司技术能手”和“中央企业技术能手”称号，在2012年第八届全国电力行业职业技能竞赛中获得“电力行业优秀技能选手”、广东省职工职业技能大赛第二名等荣誉并成为整个南方电网公司唯一的获奖选手，2013年被评为南网公司“十大杰出青年”。

⊙不服输，发明专利填补国内技术空白

“我的这些专利都来源于工作上的难题，我总想着把难题解决了，以后的工作也更好开展。”在工作中碰到了难题，唐勇总有一种不服输的精神，常常晚上一个人在工具房里反复琢磨如何解决。

“那时申请专利真的很困难。”唐勇回想起他申请的第一个专利时不由感慨。那时虽然有想法，但不会画设计图，只能手绘草图，与厂家不断沟通交流，几乎跑断了腿才终于把样品做了出来。

如今，唐勇拥有了自己的研发团队，组织参与多个科技项目的研究，带领团队研发的项目获得南网公司科技进步三等奖一项、超高压公司科技进步二等奖两项，获得国家专利 15 项，其中发明专利 3 项、实用新型专利 12 项，获得广东省电力行业优秀质量管理小组三等奖。组织人员参与撰写并发表 ±500 千伏直流输电线路雷电防护性能研究论文，并提出多项工具器改进方案。

聚沙成塔、集腋成裘，丰富的专业技能使唐勇在业务知识和操作技术上日趋成熟，扎实的理论功底和过硬的操作技术使唐勇在超高压带电作业方面取得了显著成绩：带电更换 ±500 千伏直流线耐张整串绝缘子工具、紧凑型线路小塔窗“远方轨道进入电位法”、±500 千伏天广直流带电更换直线转角塔整串绝缘子工器具研制、500 千伏线路电动卡具在带电线路上应用和操作。

2010 年，唐勇参与了 500 千伏紧凑型同塔双回路带电作业“进入等电位法”的研究和操作工器具的研发，从而克服了 500 千伏紧凑型同塔双回路带电作业组合间隙和工具组装后安全距离不足的难题，填补了国内 500 千伏紧凑型同塔双回路带电作业的空白。

⊙学艺高，为师传道授业彰显工匠精神

“我工作没有时限，可以一直干到天黑。”作为线路工人，唐勇继承了线路人的特点：能吃苦、能拼搏、能打赢仗。他与同事们并肩穿梭于高山峻岭之间辛勤工作，当年人手紧缺，一天完成十多次单片绝缘子更换是常有的事，是如今工作量的四五倍。“那时所有的东西都是自己扛上山，几十斤重的工具扛着爬上爬下十几次。”回想当年，唐勇自己都觉得不可思议。

作为师傅，唐勇不仅满身绝活，还善于带兵。为了切实提高新员工的技能水平，他根据新员工的技术特点、个人培训需求和输电线路运行维护检修的要求，拟订了十多项技术培训方案，在培训后要求新员工熟练掌握学习内容和操作方法，并通过培训和跟班实习更多地了解线路知识和线路工作。在“比、学、赶、帮、超”的良好培训学习和实践活动氛围的驱动下，加上科学的培训方法、严格的训练要求以及在日常工作、线路验收、停电检修、输电专业技术比武等活动中的磨炼，新员工的个人技能水平、班组的整体协作水平和处理线路异常问题、突发事件的能力都有了更进一步的提高，为今后更好地开展线路运行维护检修工作，奠定了更为坚实的基础。

作为公司的技能专家，工作之余，唐勇连续多年多次到南方电网公司平果培训基地担任培训师，授课百余场，参加培训 800 余人次。在培训过程中，他把自己的绝技和好的操作方法都毫无保留地传授给了学员。

如今，唐勇更忙了。他总是谦虚地说：“现在我年纪大了，还是得把年轻人早点儿带起来，不然到退休都不安心啊。”也许，这就是唐勇十几年来心无旁骛，用好学、勤奋和实干为自己赢得荣誉的最好诠释。

扫一扫，点亮心灯

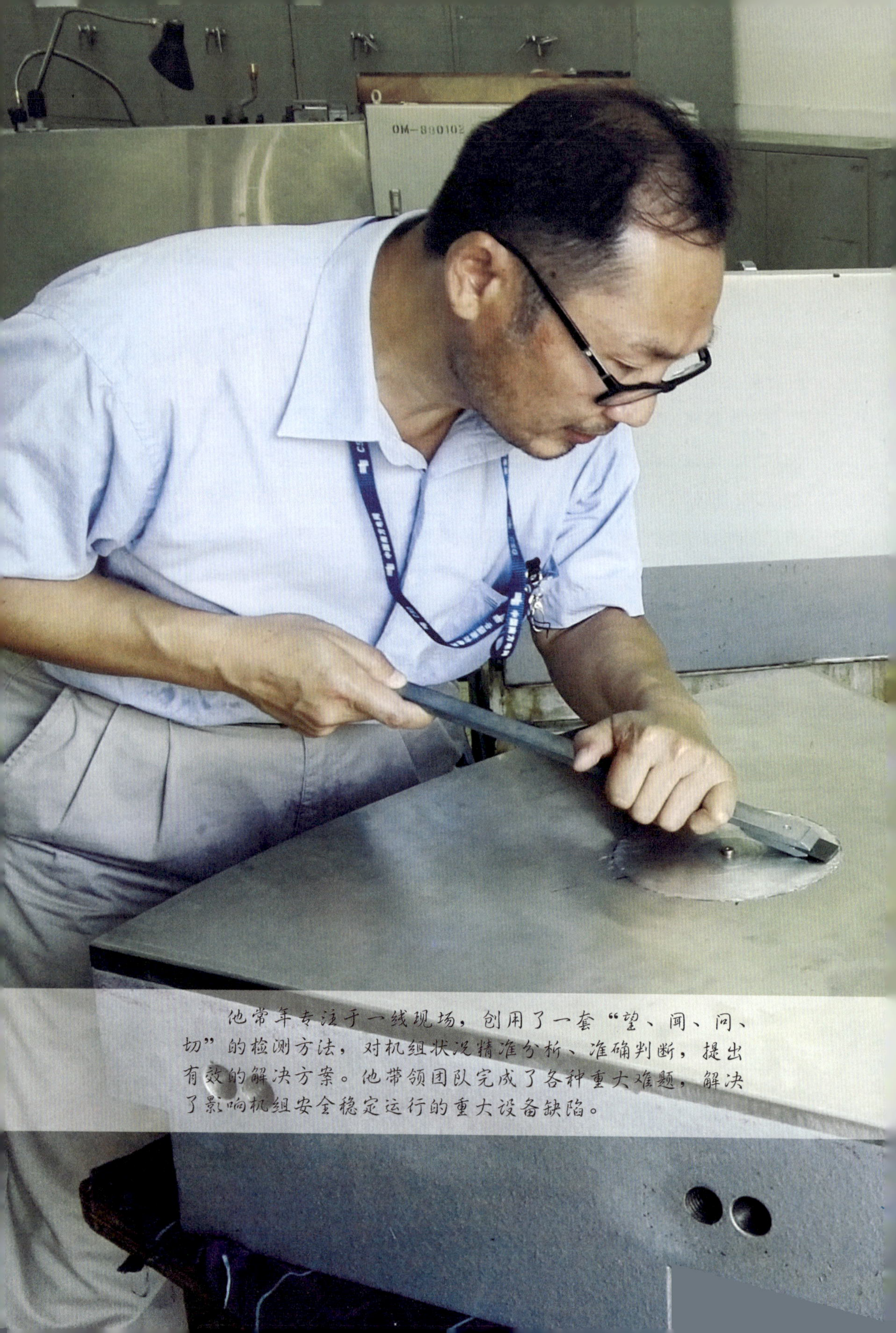

他常年专注于一线现场，创用了一套“望、闻、问、切”的检测方法，对机组状况精准分析、准确判断，提出有效的解决方案。他带领团队完成了各种重大难题，解决了影响机组安全稳定运行的重大设备缺陷。

刀尖舞蹈家

孙维锋　曹　娅

肖苏平，身材不算高大，两只胳膊却十分有力。在微微发黄的眼镜片下，他的一双眼睛盯着机组设备，生怕遗漏任何一个细节。

2017 年是肖苏平工作的第 37 个年头，他以确保电厂机组设备安全稳定运行作为检修生命线，圆满地完成了上百台次机组检修及故障处理任务，更练就了一手独到的抽水蓄能机组推力瓦修刮和轴线调整的精湛工艺。

⊙从学徒工到高级专家

1980 年，18 岁的肖苏平在湖南一个位于大山深处的三线建设时期修建的小型电站工作。从一个什么都不懂的学徒，逐渐成长为水轮机检修高级技师、发电机检修技师、300 兆瓦的蓄能机组的大修项目经理，以及国家人社部职

业技能鉴定的高级考评员。

“每次看到那些坏了的零件被自己修好、在机组上运转的时候，就对自己从事的工作特别有成就感。”1993 年，肖苏平正式进入调峰调频发电公司，从广蓄电厂机械工人做起，历经机组安装、调试、检修、维护、改造的全过程，至今共组织 300 兆瓦蓄能机组大修 15 台次、小修 200 余台次。

虽然不是专业科班出身，但多年来整天与检修设备打交道，肖苏平不断摸索和熟练掌握着机器设备的各种性能。大家都说：“在电厂，凡是碰到不会的或是拿不准的问题，找肖工肯定能解决。”

有一次，广蓄 3 号机组在调试中出现了导水机构剪断销剪断故障，需要紧急处理。接到险情报告后，肖苏平二话不说，驱车 100 多公里，连夜赶到广蓄 A 厂厂房进行紧急处理。凭借着扎实的专业技术和多年的应急处理经验，他及时处理了故障，机组按期交回系统运行。

37 年的锤炼，使肖苏平具备了丰富的发电机组设备检修方面的经验和较强的解决本专业实际问题的能力。3 个电厂、20 台机组、6080 兆瓦总装容量，各类机组的每一个部件，他都了如指掌。

⊙每一刀刮量仅为头发丝的 1/20

2014 年，肖苏平任调峰调频公司创先工作后实施的首个 A 级检修项目的经理，身为广蓄 1 号机组 A 级检修项目部成员的施凯健回忆起令他印象深刻的一幕——“那天 1 号机的推力瓦刚刚卸下，我本以为要搬去厂房仓库修理，谁知肖工蹲在那里拿出刮刀就开始刮。要知道大型机组的推力瓦修刮非常重要，需要极为集中的专注力和精细的手法，那次是我第一次见肖工刮推力瓦，那种熟练掌控带给我的冲击，我到现在还记得。”

由于机械加工的推力瓦油池的精度和表面平整度远达不到要求，必须要人工进行刮瓦，如果修刮质量稍有差池，就会导致机组运行时瓦温高、振动摆度异常。在修刮推力瓦中心的高压油池时，需要刮出一个直径为 150 毫米、圆边至圆心的坡度仅为 0.025~0.03 毫米的圆锥形油池。在这种严格的标准下，要求每一刀的刮削量仅为 0.003 毫米。

0.003 毫米是什么概念呢？“打个比方，头发丝的直径一般为 0.05~0.08 毫米，那么 0.003 毫米就是要求我每一刀刮下来的量，都只有头发丝直径的 1/20 那么多。”这也就是为什么电厂现在掌握这门技术的仅有两三个人的原因，要达到这样的水平，没有沉着冷静、专注耐心的态度和多年的实战经验是做不到的。

虽然在肖苏平看来，他的这些功夫“辛苦点”就能练成，但在广蓄电厂副厂长周建为的眼中，肖苏平对于推力瓦修刮工艺的掌握是让外国人都要竖大拇指的。“电厂成立初期，设备都是从国外引进的。有一次，机组运行时推力瓦的温度特别高，一直降不下来。当时肖苏平建议由人工来刮瓦，法国技术专家始终不相信人工可以比机器处理得更好，但机器不断发出的警报使得他们最终还是采纳了手工刮瓦的建议，结果老师傅一上阵，问题就解决了。”

⊙极致苛求成就一手绝活

“从技术上讲，我们国内工匠的水平一点儿都不比国外的差。”在肖苏平看来，“工匠需要耐心坚持，需要苛求极致，说白了，就是要高标准、严要求。”

肖苏平在刚参加工作的时候，也曾经历过人生中第一次也是唯一一次“失败”。“那时候，我们接触的还是手掌一般大的推力瓦，刚开始学习没多久，那块瓦就被我刮坏了。庆幸的是，小型机组的推力瓦就算坏了，也还可以再刮一个平面重新处理，但我确实心里不服气。”

从那以后，肖苏平就下定决心一定要熟练掌握这项技术。然而，电站并没有推力瓦的备品备件可以供人练习，肖苏平要锻炼这项技能，就只能抓住每次检修的机会仔细测量和调整，以达到高精度的标准。“那个时候，我也开始对从事的这一行上心了，下班回家了还会继续看水电方面的专业书籍，光总结的专业笔记就有好几厚本，现在也都还保存着。”

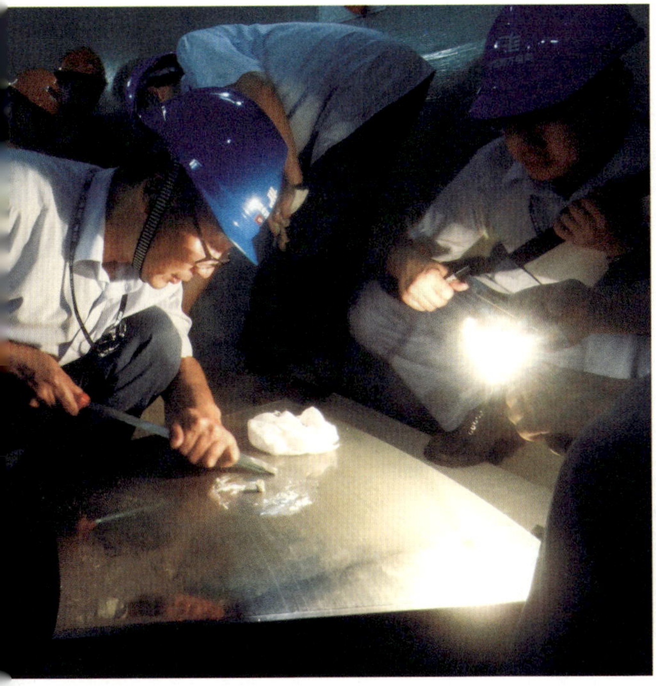

“肖工对于现场的要求极高，就像是机组轴线调整，达到标准还不够，一定要比规程规定的好很多才行。”周建为感叹地说道。机组轴线调整是肖苏平的另一个拿手“绝活”技艺，国标要求机组水导最大摆度不超过 0.25 毫米，而他主导的机组盘车，经他亲自调测的轴线调整后，稳定度和精准度远远高于设计要求，做到了摆度仅为 0.09~0.13 毫米。

⊙以身戴行诠释匠人精神

在大家的眼中，肖苏平温和淡定、热爱生活，有多项兴趣爱好，但在工作中，他又坚定执着，变成一个“工作狂”。

20 世纪 90 年代，肖苏平调到广蓄电厂后，经常 on-call 值班，十多天才能回一次家，即便如此，每次回到家也已是夜幕初上。他四五岁的儿子总爱搭着小凳子站在阳台上张望：“怎么还不天黑啊？天黑了，爸爸就回来了。”

肖苏平的手机就是一个“全天候的工作咨询平台”，同事们经常向他询问在工作中遇到的疑难问题，只要有时间，他会随时帮大家分析各类数据，提出解决方案。为了让自己的这些“绝活”技艺能够传承下去，肖苏平在一线检修时也不忘探索一些技能人才培养的新渠道。除了每年为新员工岗前培训精心准备课程，他还利用工余时间在部门开展技术技能专题培训，手把手地“传、帮、带”。

“维护好电厂这些设备，就是我的目标。”肖苏平的脚步没有停过，也从未想过停止。37 年，肖苏平用他的爱岗敬业、技术过硬和执着真诚，为我们诠释了一心为电力事业奔波劳累的南网人的“工匠精神”。

扫一扫，点亮心灯

图书在版编目（CIP）数据

南网故事 / 中国南方电网有限责任公司编著. —北京：中国工人出版社，2018.5
ISBN 978-7-5008-6992-4

Ⅰ.①南… Ⅱ.①中… Ⅲ.①纪实文学—中国—当代 Ⅳ.①I25

中国版本图书馆CIP数据核字（2018）第100926号

南网故事

出 版 人	芮宗金
责任编辑	安 静 李 丹
责任校对	赵贵芬
责任印制	栾征宇
出版发行	中国工人出版社
地 址	北京市东城区鼓楼外大街45号 邮编：100120
网 址	http://www.wp-china.com
电 话	（010）62005043（总编室）
	（010）62005039（出版物流部）
	（010）62382916（职工教育分社）
发行热线	（010）62005049 （010）62005042（传真）
经 销	各地书店
印 刷	北京市密东印刷有限公司
开 本	710毫米×1000毫米 1/16
印 张	13.25
字 数	200千字
版 次	2018年6月第1版 2019年7月第4次印刷
定 价	68.00元

本书如有破损、缺页、装订错误，请与本社出版物流部联系更换